時間のデザイン

ブックデザイナー・習慣家
井上新八

sanctuary books

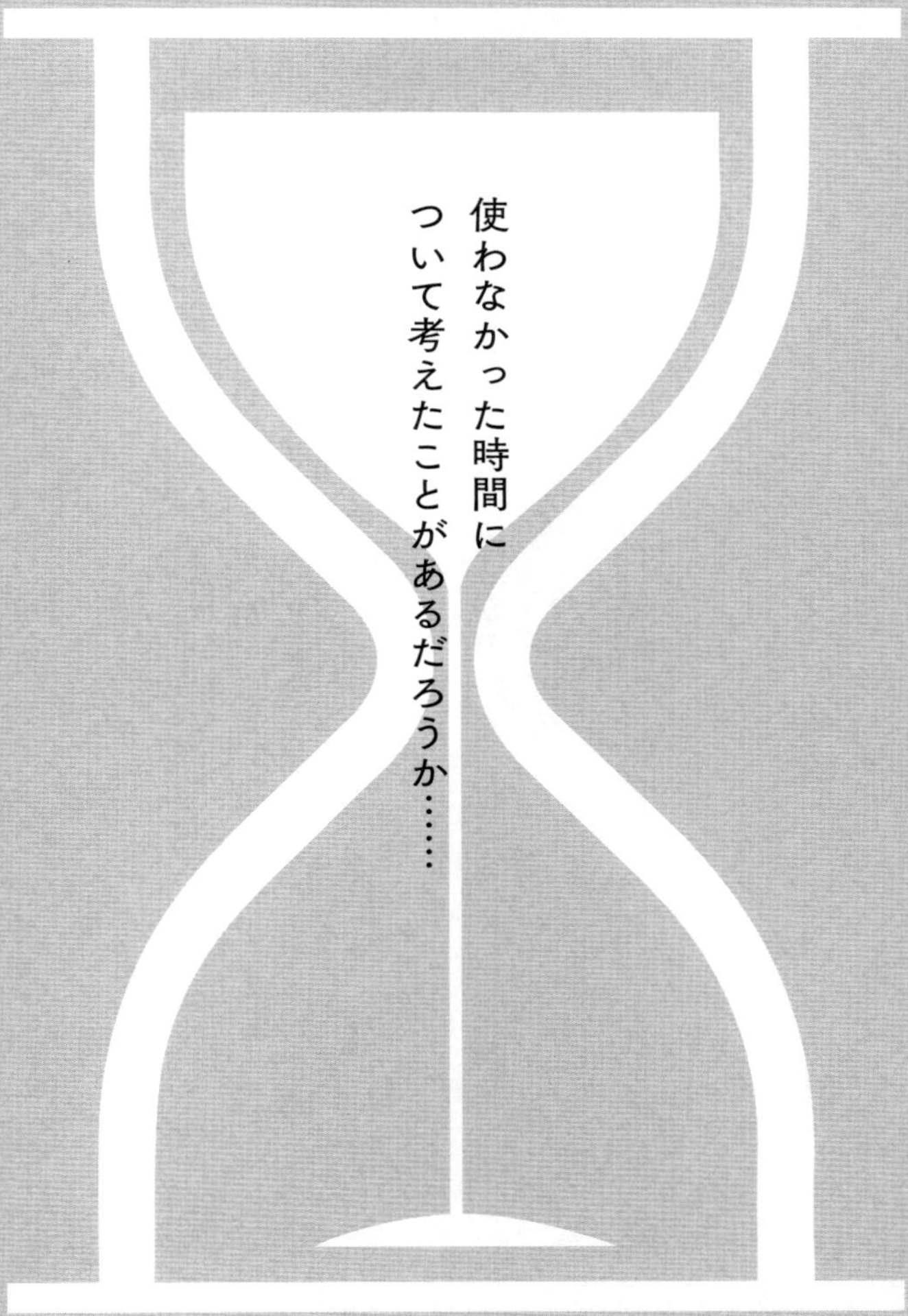
使わなかった時間に
ついて考えたことがあるだろうか……

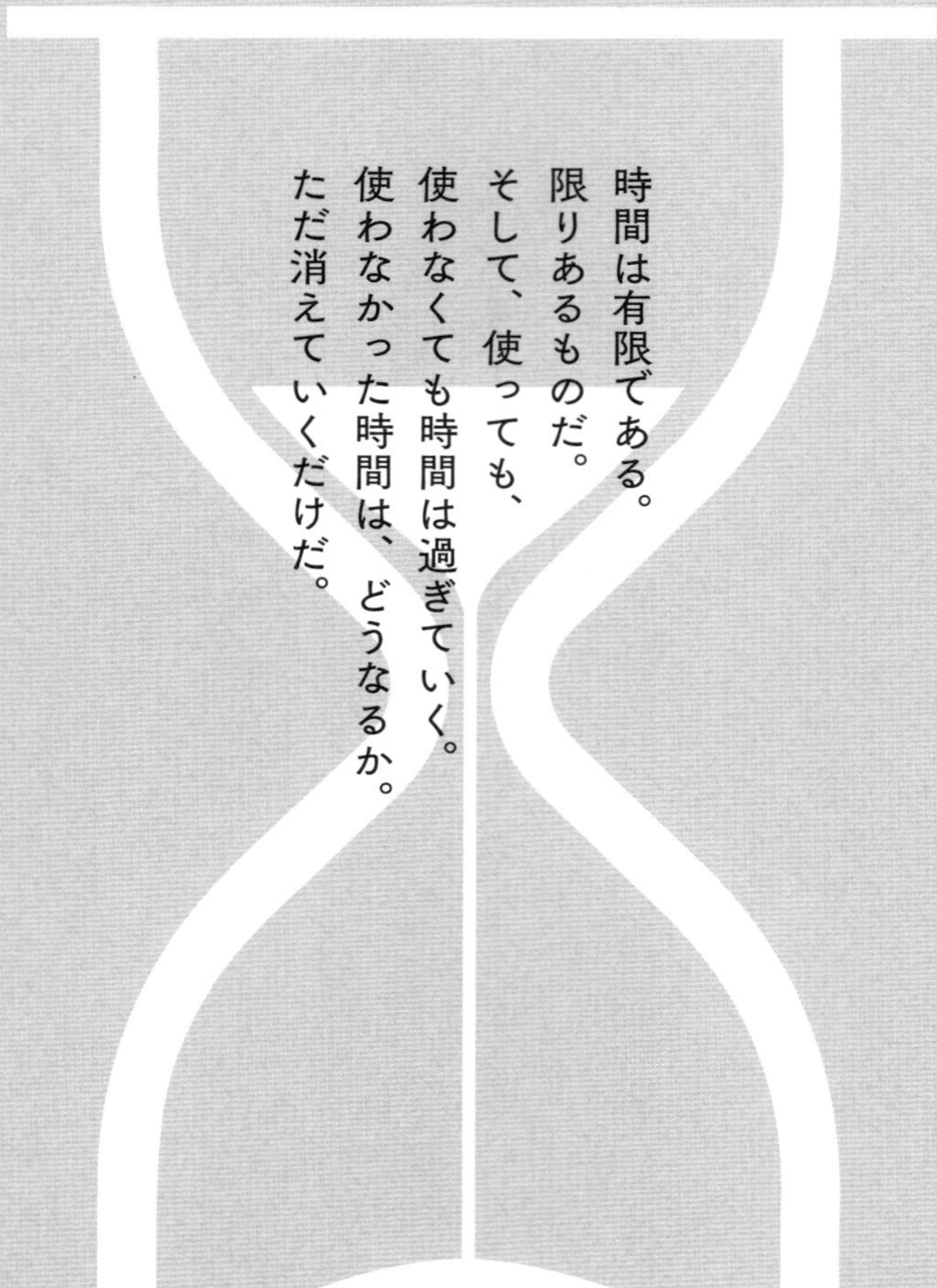

時間は有限である。
限りあるものだ。
そして、使っても、
使わなくても時間は過ぎていく。
使わなかった時間は、どうなるか。
ただ消えていくだけだ。

使わなかったお金は貯めることができる。
つまりお金は使わなくても未来で役に立つ。

しかし時間はどうだろう。
使わなかった時間は貯めることができない。
使わなければ時間はただ消えていく。

でもわたしたちはふだん、
そうやって消えていく時間を
ほとんど意識しないで生きている。

この本は「時間の使い方」についての本である。
時間を取りこぼさないようにするヒントをちりばめた。

フリーランスのデザイナーとして
20年以上働いてきた中で、
たくさんの仕事をこなす時間を
どうやって生み出すか、
仕事だけでなくやりたいことや、やるべきこと、
それに新しいことに挑戦する時間を
どうやって作っていくか、
実験しながら、
磨いてきた実践的な方法を書いた。

いわば「時間のデザイン」についての本だ。

わたしの仕事はデザイナーだ。

わたしが考えるデザインとは、
「わかりやすくする」ということ。

メインでやっている本のデザインは、
その本が「どんな本なのか」
パッと見ただけで伝わるように
わかりやすくする仕事だ。

時間をわかりやすくする。
時間の使い方をわかりやすくしていくこと、
それが「時間のデザイン」だ。

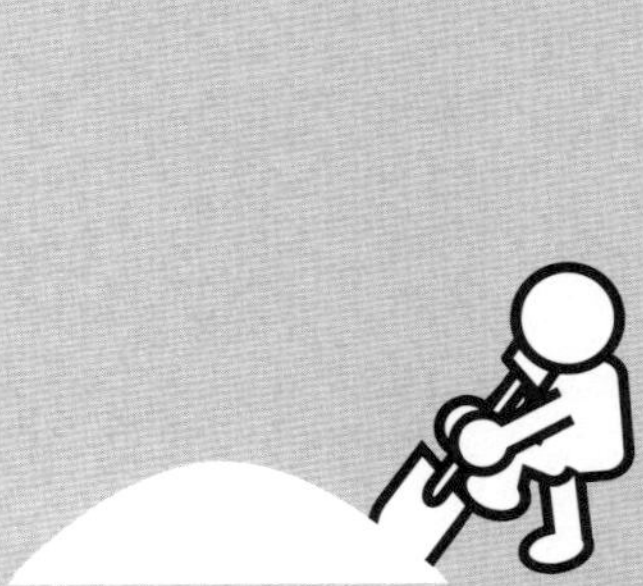

あくまで個人的な実践法である。
マネして欲しいという本ではない。
ただ20年以上真剣に取り組んできた
具体的方法はとことん盛り込んだ。

難しい方法論やロジックに
ついてはまったく書いていない。
なので理論やエビデンスが欲しい人は
他の本を当たって欲しい。
とにかく徹底してシンプルに時間や人生、
仕事に向き合う方法は書いたつもりだ。

自分の力で時間を生み出し
自分の人生をどう生き抜いていくかという
人生戦略の本にもなっている。

「時間をデザイン」したことで
わたしが手に入れたいちばん大きなこと
それは「1日が2倍になった」ことだ。

時間はデザインすることで増えていく。
それを支える考え方が「習慣化」だ。
習慣化することで時間は増えていく。
「習慣」の力を使って時間をデザインしていく。

シンプルにひと言で言えば「ルール化」だ。
「ルール化」して「わかりやすく」する。

「習慣」とは「ルール化」である。
「いつ」「なにを」「どのくらい」やるかを決める。
それを毎日繰り返すルーティーンにする。

すべてを「習慣化」する考え方。
それが「時間のデザイン」と言っていい。

すべて「習慣」で解決する！
そう考えて「忙しいからできない」を
ひとつでも減らすためにしてきた実験の結果がこの本だ。

考え方はものすごくシンプルだ。

しかしそれをどこまで徹底させるかに秘訣がある。
そして、さらに時間を生み出すための考え方、
生み出した時間を使ってなにをするか、
もっと充実した時間をどう作っていくのか、
わたしが実際やっていることを下地に解説していく。

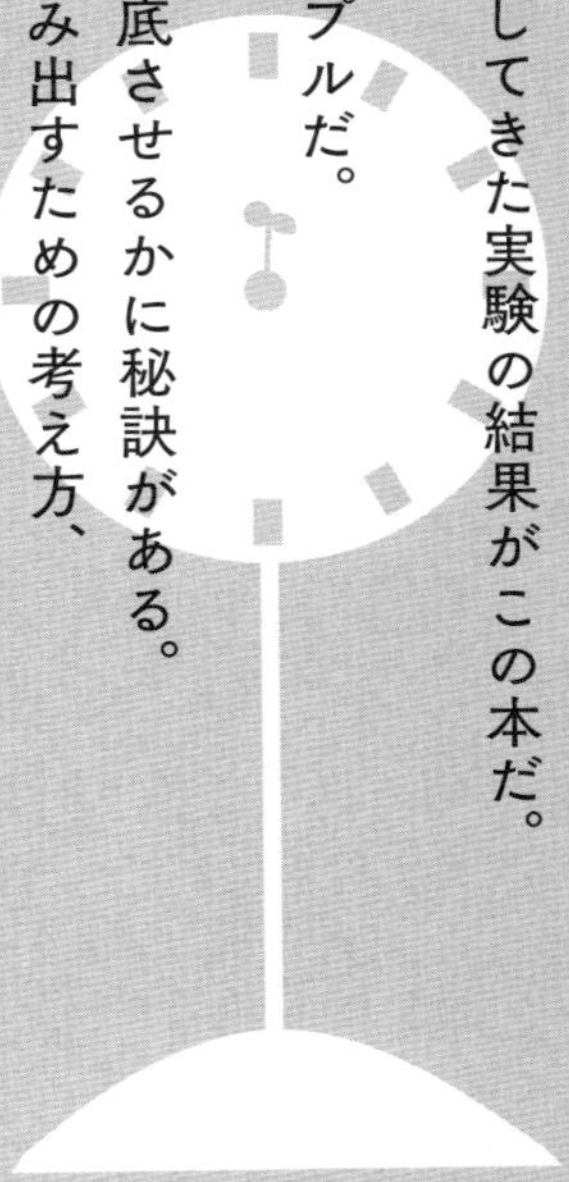

さあ、時間の使い方を考えてみよう。

時間のデザイン

わたしはフリーランスで働いている
ブックデザイナーという仕事をしている
左のページにあるような本の表紙をデザインしている
とにかくたくさんデザインしている
すごく売れた本もあれば、
すごく気に入ってるけど
思ったほど結果の出なかった本もいろいろある
おかげさまでたくさん仕事をいただいている
多いときは年間２００冊くらいの本をデザインしている

私が見た未来
完全版 たつき諒
幻の"予言漫画"復刻!!
「本当の大災難は
2025年7月にやってくる」

時代のすべての異端児たちへ
覚悟の磨き方
超訳 吉田松陰
不安と生きるか。理想に死ぬか。

SHO
大谷翔平
メジャー120年の歴史を変えた男
TIME
全米が驚嘆した
大谷の秘密
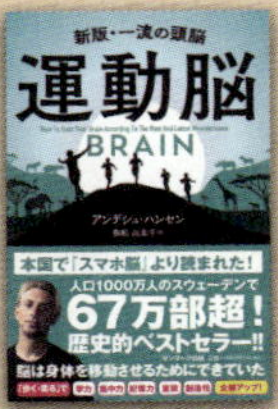
新版・一流の頭脳
運動脳
BRAIN
アンデシュ・ハンセン
本国で「スマホ脳」より読まれた!
67万部超!
歴史的ベストセラー!!
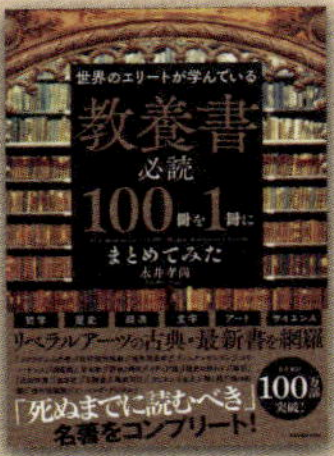
世界のエリートが学んでいる
教養書
必読
100冊を1冊に
まとめてみた
リベラルアーツの古典・最新書を網羅
「死ぬまでに読むべき」
名著をコンプリート!

何もわからないまま
フリーランスになっちゃいましたが
税金で損しない方法を教えてください!
ギリギリまで
ぶっちゃけます

OUTPUT
学びを結果に変える
アウトプット大全
樺沢紫苑
伝え方・書き方・動き方

新版
科学がつきとめた
「運のいい人」
中野信子
運は100%
自分次第

弱った親と自分を守る
お金とおトクなサービス超入門
第2版
介護はお世話じゃありません!
プロという第三者に
上手に力を借りる!!
介護保険法改正に完全対応

多分そいつ、
今ごろパフェとか食ってるよ。
Jam
そう思ったら、
嫌な気持ちが頭から消えた!
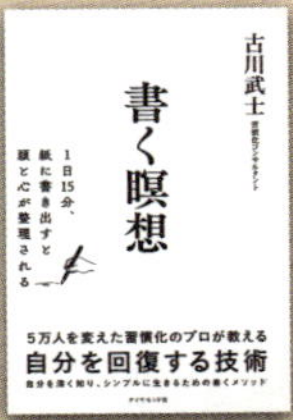
古川武士
書く瞑想
1日15分、紙に書き出すと頭と心が整理される
5万人を変えた習慣化のプロが教える
自分を回復する技術
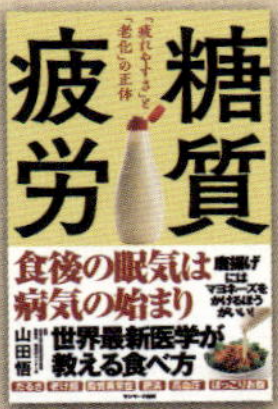
疲労
糖質
食後の眠気は
病気の始まり
世界最新医学が
教える食べ方

カレンの台所
滝沢カレン
読んだら作ってみたくなる!

まわりに左右されないシンプルな考え方
機嫌のデザイン
秋田道夫
機嫌がいい人は
「ドライでいい」と知っている

自分とか、ないから。
教養としての東洋哲学
しんめいP
人生激ムズくない?

子どもが本当に思っていること
お母さん、ただそばで
笑っててくれるだけで
いいんだよ。
精神科医さわ

歴史巨編が面白いように理解できる
THE THREE KINGDOMS
マンガ 三国志
I
劉備と諸葛孔明
堀江貴文氏推薦

The Psychology of Money
サイコロジー・オブ・マネー
一生お金に困らない
「富」のマインドセット
世界的ベストセラー
ついに上陸

こうやって、考える。
外山滋比古
「考えかた」の
超入門書。

ぜったいに おしちゃダメ?
とにかく笑う!
何度も読んで
とせがまれる!

仕事だけでけっこう忙しい
いやかなり忙しい
なぜなら全部ひとりでやっているから
でもその上でこれだけのことをやってもいる

本のデザイン案を作る	1日1冊本を読む	映画を見る	大作ゲームを遊ぶ
ジョギング4.2キロ	ダンスの練習	掃除をする	「どうぶつの森」でラミーと挨拶
ドラクエXで討伐の仕事	写真を1枚現像する	ブログに映画の感想を書く	本の原稿を書く
HIITで筋トレ	領収書の整理	下半身のストレッチ	空の写真を撮る
食べた納豆を記録する			アニソンを聴く
ポケモンGOでプレゼント交換			テレビドラマを見る
手書きの日記を書く			同じ場所を定点撮影
気温を当てる	短歌を詠む	Wii Fitで体重測定腕立て腹筋	SIXPADで筋トレ
瞑想する	ラジオを聴く	読書メモをXに投稿	スマホに日記を書く
メールをすべて返信	書籍の企画を考える	体温を測る	マンガを1話読む
コーヒーを淹れる	上半身のストレッチ	深夜アニメを見る	お酒を飲む…

自由な時間は
少ないかもしれない
でもこれだけのことがやれている

すべては時間を
デザインすることで可能になる

いつも「時間がない」となげいているあなたへ。

この本は「時間の生み出し方」を伝える本だ。

わたしは「習慣家」を名乗っている。
もちろん、この世にそんな職業はない。
建築家が「建築物を設計する人」であるように、
「習慣を設計する人」として、勝手に名前をつけた。
わたしがやっているのは習慣のデザイン。
仕事だけではなく趣味、運動、家事、勉強、創作活動……
人生にとって必要な行動すべてを、
「習慣（ルーティーン）化」している。

すべての行動を「習慣」にすることで、
すべての物事が効率よく進むだけではなく、

成果もクオリティも飛躍的にアップしていく。
「習慣化」によって
わたしの人生は新しく生まれ変わった、といっても過言ではない。

ただはじめに断っておく。
わたしの働き方は、あまり一般的ではない。
わたしはかれこれ20年以上、家でひとりで仕事をしている。
「ブックデザイナー」という職業で、
1年間に多いときは200冊近くの本をデザインする。
普通ならば、4～5人で分担するような量の仕事だけど、
アシスタントや従業員を雇わず、ひとりで請け負っている。
デザインのやり方も独学で覚えたので、最初から今日までずっとひとりだ。
ありえない量の仕事をこなしながら、
毎日1冊の本を読み、ほぼ毎日映画館で映画を見て、ランニングも筋トレも欠かさず、
最新のドラマやアニメを見逃すこともなく、掃除もダンスもゲームもして、
夜は毎日お酒を飲んで、たまには深夜まで飲みにも出かける。

毎日習慣としてやっていることを数えたら午前中だけで70個ほどあった。
一日だとどのくらいあるのか、よくわからない。

なぜそんなことができるのか？

そのやり方を本に書いた。

すべては「習慣化」からはじまる。
習慣にさえしてしまえば、
やりたいことは、どんどんはじめられ、
はじめたことは、どんどん続くようになる。

この本には、
どうすればやるべきこと、やりたいことを
すべて「習慣化」し、
無理なく一日に組み込むことができるのか、

20年分の実験結果から得た答えをつめ込んだ。

いつか時間があったらやりたい。
そう考えていたって、
そんな時間はいつまでたってもやってこない。

はじめられない、
続けられない、
という悩みはすべて「習慣」によって解決できる。
習慣によって
仕事はいくらでも効率化できるし、
時間はいくらでも生み出すことができる。
習慣によって時間を生み出す。
それが「時間のデザイン」だ。

この考えが少しでも伝わるといいなと思う。

1章

時間をデザインするために

習慣化する　朝のルーティーンとフレキシブルな午後

CONTENTS

CONTENTS

CONTENTS

3章 たくさんやる 圧倒的に数をこなす

4章 なんでもやる 無駄なことをとことんやる

CONTENTS

Epilogue

時間のデザイン　エピローグ

時間をデザインするために

1章 習慣化する

朝のルーティーンとフレキシブルな午後

時間をデザインするきっかけ

フリーランスとして生きる

わたしはブックデザイナーという仕事をしている。

自宅で20年以上、ひとりで働き続けている。


なんで、ひとりで働いているのか？

理由のひとつは、アシスタントの雇い方がよくわからないから。

どうやって雇ったらいいか、人を雇ってみたことがないからわからない。もともと人にお願いするのが苦手な性分で、なんでも自分でやってしまう方が気楽だ。だいたい人の悩みの9割は人間関係からきているらしい。だったらわざわざ人と一緒に働く必要はないんじゃないの？　とも思っている。

あと正直にいうと、いつまでも仕事がうまくいくわけがないと思っているから。

人を雇ってその責任を負えるのか、まったく自信がない。

だから人を巻き込んだりせず、ひとりで回せる分だけ細々と仕事をしていれば、たとえその仕事がなくなっても誰にも迷惑をかけなくていい、とも考えている。

でも本当の理由はそれじゃない。

いちばんの理由は、ひとりの方が圧倒的に自由だから。

「自分の足で立てば、人生が豊かになる」とは、報道写真家のマーガレット・バーク＝ホワイトの言葉だ。

なんでも「自分でできること」が増えていく充実感は大きい。

わたしは「全部、自分でやりたい！」と思っている。

ただもちろんフリーランスは楽じゃない。

わたしは多いときで年間に２００冊の本をデザインする。

簡単に２００冊といったが、１冊の本を作るにしてもやることはたくさんある。

依頼のメールがきて、仕事を引き受けるかどうかの判断をする。条件の交渉。ＯＫなら打ち合わせの日程を決める。スケジュールの調整。仕事の内容確認と記録。編集者と打ち合わせ。ターゲットとデザインの方向性の確認。資料や原稿を読んで内容を確認する。デザインの資料を集める。イラストなどのビジュアル候補を探す。どんなデザインにするかを考える。デザイン案を作ってみる。ここにいちばん時間をかける。何度も手を加える。自分なりにしっくりくるまで手を加える。順調にいけば一発で決まる。依頼主からの修正もある。何回も何回も修正することもある。イラストラフが届いたらデザインを再調整する。本にどんな紙を使うか、加工をどうするかを考える。校正をする。確認が終わったら入稿用のデータを作成する。印刷所から試し刷りした色校正を確認する。必要があれば修正をして再入稿する。これを確認したら作業終了。完成した本が届いたら、請求書を発送する。お金の管理もする……これが1冊の本のデザインの大まかな工程。

人によって違うかもしれないけど、わたしの場合は大体こんな感じ。

これを年に約２００回だ。改めて見るとぞっとする……。

しかもこれらは装丁（表紙・カバーまわり）だけをデザインする場合である。

さらに本文のデザインも担当する場合は、文章を流し込むための本文のフォーマットのデザインや目次、イレギュラーなページのデザイン、図の作成や、ときどきイラストを描いたりすることになる。1ページ1ページ、全部デザインを変えるような本の場合は、それらの作業量は数十倍に跳ね上がる。

1冊あたりの期間もそれなりにかかる。

装丁だけの仕事だとしても、依頼を受けてから作業完了まで、すごく早くて3週間ほど、通常で1ヵ月半~2ヵ月。長いものだと1年、最長で3年以上かかったものもある。

そういう仕事がだいたい30冊くらい、多いときは50冊ほど同時進行している。

だから毎日、確認とか、修正とか、修正とか、確認とか、修正とか、入稿とか、修正とか、全部ひっくり返って全部やり直しとか、そういうメールが山のようにきて、多いときは1日に100通近くメールをやりとりすることもある。

ありがたいことに、いまは仕事を猛烈にたくさんいただいている。

でも当たり前だけど、ひとりで仕事しているから誰にも頼れない。

ちょっとした雑用も全部自分でやらないといけない。一日は、小さな作業の集合体でもある。ゴミは捨てるべきだし、プリンターに用紙も補充する必要があるし、郵便物が届けば封を開けて中身を確認しなくてはならない。

色校正をトンボに合わせて切る（印刷の試し見本を、仕上がりサイズに合わせてガイド線に沿って切ること）なんていう、地味だけど手間のかかる作業もある。

その上で、仕事中にわからないことがあっても聞く相手がいないから、自分でやり方を調べて、自分で試してみて、自分で正解を探すしかない。

たとえ体調を崩してしまったとしても、納期を守るために是が非でもなんとかしないといけない。

ひとりで家で仕事するというのはこういうことだ。

家で働くのって通勤の苦労もないし、自分のペースで仕事ができるなんてうらやましいです、なんて言ってもらえることもあるけど、やってみると実際はそんなに生やさしいものではない。

いつでもはじめられる＝いつまでもはじめられない。

いつでも休憩できる＝いつまでもサボれる。

好きなタイミングで終業＝終わりがわからず、いつまでも働いてしまう。

だから「気が向いたらやろう」「やる気が続く限りやろう」

なんて考えはじめたら、まさにデスゲームのはじまりだ。

迫り来る締め切りに圧迫されて、いつの間にかゲームオーバーになる。

ゲームオーバーにならなかったとしても、締め切り前に大量の仕事に押しつぶされることになる。

そんな苦難をなんとか徹夜して乗りきれば、もちろん達成感はあるだろう。

けど限界がある。仕事がさらに順調にいって、数が増えはじめたらたぶん行き詰まる。

実際、わたしは行き詰まった。

フリーになって何年か経って、想定以上に仕事が増えすぎたのだ。

それはとても望ましいことであるはずなのに、気がついたら毎日ボロボロ。仕事だけをして終わる毎日になってしまった。

一つひとつの仕事はそれなりに順調にこなしていたつもりだけれど、仕事の数が増えるとどうしてもトラブルも増える。規模が大きい仕事や、関係者が多い仕事は順調にいかないことが多く、頭を抱えるようなことが度々起こった。

このくらい全然なんとかなる！　と開き直って、いつものように遅くまで仕事をしていたら、ある日突然、限界を超えた。

全身がじんましんで腫れ上がって、かゆくてたまらなくなってきたのだ。湿疹はノドにまで広がり呼吸が苦しくなって、あわてて深夜にタクシーを呼び救急病院に駆け込んだ。

朝まで点滴を打ってもらって少し落ち着くと、家に帰って、また仕事をした。

そうしないと間に合わない仕事があったからだ。

すると数日後、また似たような症状が出た。


これはもう無理かも……。

かゆみに苦しみながら、「もう仕事を減らすしかないのか」「生活自体を見直さないといけないのかも」そんなことを考えた。

仕事を減らさないといけない？　でも正直いって、減らしたくなかった。

仕事は減らしたくない！　その上で、映画も見たい、マンガも読みたい、ゲームもしたい、飲みにも行きたい。やりたいこともいっぱいある。

仕事は減らさない。減らしたくない。そして、やりたいことも、やりたい。

ワークライフバランス？　そんなもののために、仕事や趣味を減らすという考えはイヤだった。

どうせなら、全部やりたい。なんならもっと仕事を増やしたい。

減らすのではなく、増やせるだけ増やしたい。

ただでさえいっぱいいっぱいなのに、一体そんなことが可能なのだろうか。

結論からいうと、可能だった。

その気づきのきっかけをくれたのは一本のゲームだった。

仕事を減らさず、やりたいこともやる（方法はある）

時間のデザインが生まれたきっかけ

すべては「どうぶつの森」が教えてくれた

よし、「習慣」の力を使って「時間をデザイン」しよう！

そんなことを考えてはじめたわけじゃない。

そもそも「習慣」なんて言葉すら意識したことはなかった。

その概念に気づかせてくれたのは一本のゲームだった。

それは**ニンテンドーDSの「おいでよ　どうぶつの森」**というゲーム。

このゲームがたぶんわたしの人生を変えてしまった。

わたしはこのゲームを発売日である２００５年11月23日に手に入れて以来、毎日欠かさずやっていて……。

いつまでやっていたかは正確には覚えてないが、恐らく9年間は続けていた。

さらっと言ったけれど、「9年間」「毎日」やっていたのだ。

どれだけ忙しくてもやっていたし、旅行先でもやっていたし、病気で寝ていた日もやっていた。

ひと昔前のゲームである。毎日ログインしたところで、なにか報酬を得られるわけじゃないし、なにか特別なことが起きるわけでもない。

それでも飽きずに毎日ゲームをスタートさせ、主に2つの行動を繰り返していた。

ひとつは、水やり。

村中に咲かせた花に水をあげることだ。

ニンテンドーDS「おいでよ どうぶつの森」において、わたしが励んでいたのは、村中をスキマなく花で埋め尽くすことだった。

買える花の種は1日に最大で7個。それを全部買って土地に蒔《ま》き、ちょっとずつ「花を植えた土地」の面積を増やしていく。増えると同時に毎日一定数の花がしおれる。しおれた花には水をやらないといけない。翌日には枯れてしまうからだ。最終的には花が枯れて消えてしまい、また種を蒔かなくてはいけない。種を蒔いて水をやる。しおれた花に水をやる。この作業をひたすら繰り返す。

そうやって村の土地を花で埋め尽くすまでに、まる3年間もかかった。

この3年間の努力は無駄にしたくない。だからわたしは、しおれた花に毎日水をやり続けた。うっかり水をやり〝残す〟と、花が枯れてしまう。枯れたらまた新しい花の種を蒔くしかない。花を相手にした根比べだった。

もうひとつは、挨拶。

わたしの村の最初の住人だった「ララミー」というリスのキャラクターに挨拶をすることがいつの間にか日課になった。毎日、村のどこかにいるララミーを探しては挨拶をする。毎日顔を合わすうちに、ララミーはわたしの「推し」になっていた。

そんなこちらの気持ちをよそにララミーはときどき「別の村に引っ越したい」と言ってくる。

その申し出をそのまま放置していると、本当に他の村に行って（いなくなって）しまうから、そのセリフを聞いたら必ず引き留める。ララミーが「やっぱり引っ越すのをやめようかしら」と言ってくれるまで、何度も根気よく引き留め続けた。

このどうでもいいような、単純極まりないことをひたすらやり続けた。

9年間、毎日だ。

時間にしてだいたい1日20分間くらい。

どれだけ忙しい日でも、この20分間は惜しまなかった。

こんな意味のないことが、なんでこんなに続くんだろう……。

理由は単純。

「毎日やっていたから」だ。休みなく毎日やっていたから続いた。

そうか、毎日やると続くのか……。

わたしは「習慣」という言葉の意味をこのときはじめて理解したかもしれない。

「どうぶつの森」はわたしにとって完全な「習慣」だった。

毎日やっていれば、勝手に続いていく。

つまり人間は毎日やれば、続けられる。それが「習慣」なのだ。

この気づきが、わたしのすべてを変えてしまったと言ってもいい。


どんなに忙しくてもわたしは毎日の中に20分の時間を生み出していた。

じんましんで病院に行って帰ってきた翌日だって寝不足の目をこすりながら、「どうぶつの森」の20分は欠かさなかった。

重要なことでも、どうでもいいようなことでも、毎日やることを当たり前にしてしまえば、勝手に続いていくし、その時間を作ることはできるんだという気づきだ。

この性質を他のことに利用することはできないか。

まず最初に思いついたのは「日記」だった。

わたしはフリーランスになったころから日記を書きはじめていた。

だけど気が向いたときに書いていたから、書くのを忘れて、数日放置して、あとでまとめて適当に書くようなことが多かった。このいい加減に続けていた日記のやり方を変えた。
「どうぶつの森」とセットで書くようにしたのだ。

「花の水やりを終えたら、日記を書く」そう決めてみた。

「どうぶつの森」は朝起きたらいちばんにやっていたので、必然的に日記は朝に書くことになった。こうして「前日の日記を、翌朝に書く」という習慣がはじまる。

「どうぶつの森」と「日記」、このセットを意識的にはじめたことが「時間のデザイン」のはじまりだった。

たったこれだけのことで、いつも「書こうと思ったときに書いていた」日記を、毎日書けるようになった。

毎日書けるようになったら、自然と内容も充実していった。

その日の天気からはじまって、見た映画の感想、アニメやドラマのタイトル、昨日食べたもの……など記録することを少しずつ増やしていった。

そうやって日記を書いたあとに、仕事をはじめることにした。

その効果はすごかった。この試みが爆裂的な変化をもたらした。

「どうぶつの森」をやったら、日記を書く。

日記を書いたら、仕事をはじめる。

そんな流れを作った。これがルーティーンのはじまりだった。

このことで生活が別次元になったと言ってもいい。

毎朝規則正しく、仕事を確実にはじめられる生活になったのだ。

当時は毎朝7時とか8時に起きていたけど、お酒を飲み続けて朝に帰る日も多かったので、仕事の開始時間はけっこういい加減だった。

気が向いたタイミングで仕事をはじめていた。

だから疲れてやる気が起きない日はなかなか仕事がはじめられなかった。

だらだらネットサーフィンしたり、ちょっと遊んでから仕事しようと思ってゲームをはじめたり、これが時間が足りない大きな原因になっていた。

この問題が「どうぶつの森」からはじまるルーティーンで解消された。

起きたら、「どうぶつの森」をする。日記を書く。すると仕事がはじまる。

このアクションが自動化した。

すごい発見だ。

そのときはそれほどすごいことだと気がついてなかったけど、あとでこの流れを言語化してみて、この人間の性質がいかにすごい発見だったかということに気がついた。

どういうことか？

すごいのは、仕事をはじめることに対して「やる気」が必要なくなったことだ。

朝起きて「どうぶつの森」で遊ぶだけで流れが生まれ、その流れにのってステップを踏むだけで、自動的に仕事がはじまるからだ。

しばらくすると、この「セット」にあとから付け足していくことによって、どんなことでも続けられてしまうということにも気がついた。

次々と行動を継ぎ足していくことで、「時間のデザイン」はどんどん進化していった。

たとえばジョギング。いつ走るか特に決めずにいい加減に走っていたが、「午前中の仕事が終わったら息抜きとして走りに行く」と決めてルーティーンの中に「セット」にした。

さらにＷｉｉ Ｆｉｔ（２００７年12月1日に任天堂から発売されたＷｉｉ専用の「バランスボード」を使って、自宅で手軽にフィットネスを楽しむことができるゲーム）もこのセットの中に入れると、ルーティーンが一気にパワーアップし、毎日体重を量るという体調管理に、腕立て伏せと腹筋という運動習慣が加わった。

Ｗｉｉ Ｆｉｔから学んだのは、「記録」の重要性だ。

体重を量るとスタンプがおされ、運動をすると継続した回数が自動的に記録される。

このスタンプと記録を集めるのが楽しい。楽しいから続く。

Ｗｉｉ Ｆｉｔはすでに発売されてずいぶん経つが、いまだに体重測定と腕立てと腹筋は毎日続けていて、すでに継続して5600日以上になっている。

その後は小さな習慣を朝のルーティーンに継ぎ足していき、朝起きたらベランダに出るようになり（「おいでよ　どうぶつの森」をやめたあとにはじめた習慣）、空の写真を撮るようになり、気温を予測するようになり、体温を測るようになった。

それまでフリーランスとして行き当たりばったりな生活をしていたが、**ルーティーンを徹底して時間をデザインすることで、ゲームをしたり、運動をしたり、やりたいことや、やるべきことをこなしながら、毎日規則正しく仕事をする生活がはじまっていった。**

20年以上かけて、今もこのルーティーンは変化し続けていて、時間はデザインされ続けている。

行動はセットにすればどこまでも続く

時間をデザインするために

小さなルールを決める

時間をデザインするために必要なことはすべてを「習慣化」することだ。

「小さな習慣」の連鎖で時間をデザインしていく。

ではその「習慣化」って具体的にどういうことなんだろう。

毎日、歯磨きを続けている人は多いと思う。毎日やってないという人でも、歯磨きが辛い、続けられなくて苦労しているなんて人は少ないのではないだろうか。

「歯磨き」は「毎日やる当たり前のこと」。そんな認識があるはずだ。

だいたい歯磨きをするのにいちいち「今日は歯磨きする日だっけ?」なんて考える人はいないと思う。それがまさに「習慣」だ。

習慣化とは、そういう当たり前のマインドを意図的に作ることで、仕事も遊びも趣味もゲームも読書も勉強も、一日のやることのすべてを「習慣」として考えること。

これがわたしの基本の考え方だ。

なぜそうするのか？　それは考える時間をなくすためだ。

いちいち「やる」「やらない」という選択を考えないようにする。

ご飯を食べたら歯を磨く、寝る前には歯を磨く、そんなふうに**あらゆることを「歯磨きレベル」に落とし込む**。そして自動的に「やってしまうこと」にしてしまう。


たとえば「とても読み切れないような長編の本を読みたい」と思ったとする。

とても1日や2日じゃ、読み切れない。

少しずつ読もうとしても、けっこう内容が難しいし、途中で読むのをやめてしまうかもしれない。

これを「習慣化」で解決する。

まずはなんとなく「目標」を決める。「1年で読み終わろう！」。そう決めたら、ページ数を「分解」する。700ページあるなら、1日に読むのは2ページだ。

なら毎日「2ページ（見開きひとつ）を必ず読む」というルールにする。

1回読んでみてだいたい5分で読み終わるなら、毎日その5分はこの本のための時間として考える。

ただ読むだけだと内容を忘れるかもしれないので、2ページ読んだら内容を数行メモすることもルール化する。

毎日「2ページ読む」「メモを書く」という習慣にする。

やることを決めたら、「いつやるか」を決める。

毎日必ずすることと紐付けるとやりやすい。

たとえばシャワーのあと。シャワーを浴びたら、必ず本を2ページ読んで、メモを書く。

「シャワー」を浴びたら、「5分の読書の時間」という決まりごとにする。

たった5分だ。でもこれが本当にばかにならない力を持っている。

この5分をただ続けるだけで、とても読めないと思っていた本を1年後に読み終わっている。

実際、わたしはこの方法で、分厚い本を年に何冊か読み切るようにしている。

たった5分だけど、5分だから集中できるということもある。

集中した5分は決して短くない。


なにか行動をするのにいちばん大変なのは「やる気」を出すことだ。

「やる気」なんかに頼るから大変になる。

好きなときに「やる気」が出せるほど、わたしたちの意志は強くない。

だから「やる気」には一切頼らない。

むしろ「やる気」なんかはじめから「ない」と考えて、すべて「勝手にはじまる」ようにする。そのための仕組みが**「習慣化」**だ。

「なに」を「いつ」「どのくらい」やるかルールを設定する。

習慣化とはつまり「ルール化」のことだ。

ルールを決めて作った「小さな習慣」をつなぎ合わせていく。

それこそが時間を生み出す秘訣になっていく。


「やる」「やらない」の選択肢をなくして、「これ」の次に「これ」をするという連鎖で迷いをなくす。立ち止まって「次なにをしよう」と考える時間を省略して、やりたいことをもれなくこなすルーティーンを完成させる。

そうやって時間をデザインしていく。

まったく難しいことではない。やり方はすごくシンプル。

次の項目でまず基本となる「習慣化」のコツをお伝えしようと思う。

「やる」「やらない」をいちいち考えない

時間をデザインするために

すべてを習慣化する

なんでも習慣化する。

「それができたら苦労しないよ！」

「習慣化は簡単じゃない」「習慣化は難しい」と感じている人もいると思う。

難しく感じてしまうのは、難しく考えているからかもしれない。

「習慣化？　超簡単！」まずはそう考えてみたらいい。

わたしの考える「コツ」。考え方自体はいたってシンプル。

ただ実際、「習慣化」させるのにはそこそこ時間がかかる。

簡単なことでも２週間か３週間くらいはかかると思う。

ただ「習慣化は難しい」と思ってる人は、複雑に考えすぎずにこれから紹介する６つのコツを参考にちょっとだけ試してみると、「意外に簡単！」と思えるかもしれない。

だいたいわたしが「どうぶつの森」から教わったことをベースにした考え方だから、そんなに複雑であるはずがない。

コツ1「毎日やる」

習慣にするために大事なことはひとつしかない。

それは**「毎日やる」**ことだ。

特例を作ることなく**「週7日やる」**。

それだけ。バカみたいにシンプル。

「どうぶつの森」から得た最大の教えはこれだ。

たとえば「週3日やろう」とはじめたことは、ほとんどの場合続かない。

理由は簡単で、「やる日」と「やらなくていい日」ができてしまうから。

今日はやる日だっけ？　やらなくていい日だっけ？　っていちいち考えている時点で、それは「習慣」とは言えない。

潔く「毎日やる」と決めてしまって、「やらない日」という選択肢をなくした方がよっぽど楽。

もちろん意地になる必要はなく、入浴や食事などと一緒で、できないときはやらない、どうしてもやりたくない日もやらない、それでもいい。

ただ大事なことは、「やらない」という選択肢をなくすこと。

そのために、やってもやらなくてもいいから「毎日やる」とだけ決めておく。

コツ2「小さくやる」

毎日やるというのは大変そう。

これを大変だと感じないで済むように、できるだけひとつの習慣を「小さく」設定する。

「毎日、本を読む」とする。毎日本を読むのは大変だから小さく刻む。

5ページだけ読む。それもきつい？　なら「本を手に取って開くまで」にするとか。

1日の負担を減らして、そのかわり必ず毎日続ける。

慣れてきたら、少しずつ負担を大きくしていく。

5ページ読むことに慣れたら次は10ページ読む。自分にとっ

て負担になりすぎない程度に伸ばしていく。

きついな、今日は読みたくないなと思ったときは「本を開いて読むフリだけ」をする。

とにかく小さくていい。小さくするかわりに確実に毎日やる。

この考え方をいろんなことに応用する。

たとえばこの本の原稿も毎日小さく書いている。

1日30分書く。できなければ5分でも書く。そんな時間もなければ見出しだけでも書く。

その気力すらなければ、ファイルを開いて保存して日付だけでも更新する。

とにかく毎日原稿に向き合う時間を作る。小さく進める。必ず毎日やる。

小さな一歩の積み重ねが、1冊分の原稿になると信じて。

おすすめは1日5分でできることで考えること。1日5分、まじオスス メ。

コツ3「セットにする」

やることがあまりにも小さいと忘れがちになる。

気づかないまま一日が終わってしまうことも多いと思う。

そんなうっかりを回避するのが「セットにする」という考え方だ。

わたしが「どうぶつの森」と「日記を書く」をセットにしたように、「小さな習慣」にくっつける。

具体的になんの前にやるのか、あるいはなんのあとにやるのか。

たとえば体温計とメモ帳を一緒に置いておけば、体温を測って記録して、続けて3行の日記も書くことができる。

歯ブラシとサプリを一緒に置いておけば、歯磨きのあとにサプリを飲むことも忘れないだろう。

とにかく**習慣は、ふたつでひとつ「ニコイチ」で考える。**

ひとつ忘れても、もう片方を覚えていれば忘れにくくなる。

「歯磨きのあと」とか「ご飯を食べる前」とか、いま自然にやっていることに紐付ければ、さらに忘れずに実行できるようになる。

とにかく「小さな習慣」は単体で考えないこと。

必ずなにかと一緒にセットで考える。

コツ4「いつやるかを決める」

習慣を持続させるために大事なこと。

それは**いつやるのかをしっかり決める**ことだ。

いろんなことをやらなくなる大きな理由は「時間がない」につきると思う。

適当な時間にやろうと思っても、それはなかなか実行できない。

特に猛烈に忙しいときには、どこにもスキマ時間すら見つけられないものだ。

でも、実際、時間はある。5分、10分で終わるようなことなら、どこかにそれをやる時間は見つけられるはずだ。

そのために大事なのは、「いつやるか」を、しっかり決めること。

起きたら、すぐにやる。歯磨きをしたら、必ずやる。

具体的になにかの前にやるのか、なにかのあとにやるのか、徹底的に細かく「いつやる」か決める。

何時になったらという時間で決めるより、行動と結びつける方がルール化しやすい。

〝起きたら「どうぶつの森」で遊ぶ〟がわたしの習慣化の原点だった。

いまは起きたら空の写真を撮ることがわたしの一日の最初の習慣になっている。

毎日できないようなことなら、週に1回やるではなく、毎週水曜日は必ずやると決める。

月に1回のことなら、毎月第一木曜日にやるというように、日付ではなく曜日で設定する方がいい。「いつやるか」それをとことん具体的にすることが大事。

コツ5「記録をつける」

記録はとにかく大事だ。

記録することなく習慣が定着することはない、と言ってもいい。

言い換えれば、記録さえつければその習慣は身についたも同然だと言える。

なにか**行動したら記録する**。ただそれだけ。

筋トレを続けるなら、軽い筋トレをしたあと、カレンダーに○をつける。

こまめに掃除するのなら、軽く掃除をしたあと、メモに日付と「掃除した」と書く。この程度の記録でもいいし、具体的にどこを掃除したか、筋トレでどんな工夫をしたかなど、ひとことメモを加えてもいい。

できなかった日は×を書いて、できなかった理由をひと言でいいから書くようにする。簡単に記録できるともっといい。ジョギングはナイキのアプリで距離を記録する。行ったお店は食べたものを、見た映画はポスターを、読んだ本は本のカバーをスマホで撮って記録を残す。できればひとことメモを残す。

しっかり残そうと考えず、とにかく面倒にならないように記録する。

こうして記録を「コレクション」として楽しむ。

習慣を可視化して集めていくことで、だんだんそれが趣味の一種になっていく。

コツ6「つなげて連鎖させる」

小さな習慣をいくつか作り、それを連鎖させていく。

いくつかの連鎖を作り、自分なりのルーティーンにしていく。

それを毎日繰り返し、自分なりの一日の流れを作っていく。

この**規則正しさこそが、最重要事項**だと思っている。ルーティーン化することが重要であって、内容そのものはなんだっていい。

読書とか筋トレとか英語学習のように意識が高くなくてもよくて、マンガを読むでもスマホゲームで遊ぶでもなんでもいい。楽しいことだと、だらだらやっちゃいそう？　いや、「1話だけ読む」「報酬をもらうまで」などと期限を決めて、次にやることさえ決めておけば、だらだらは回避できる。

小さな習慣をつなぎあわせて一日を組み立てる。

これが「時間のデザイン」の土台になる。

毎日、小さくやると決めてみる

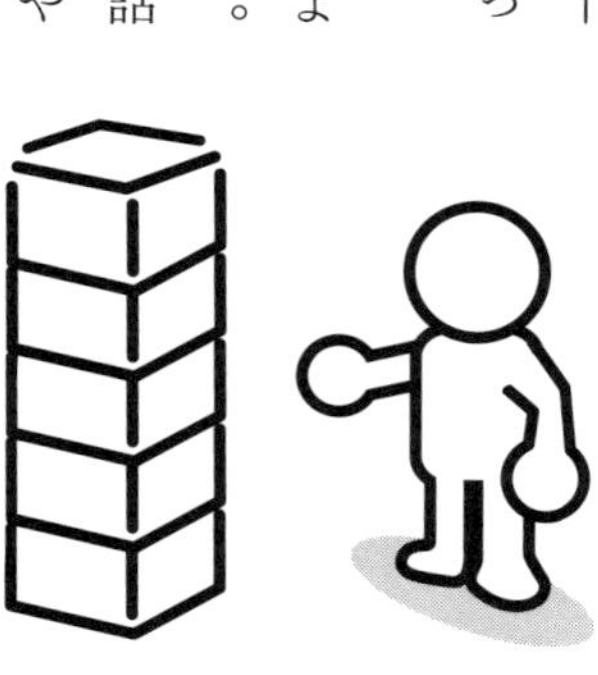

時間をデザインするために
午前と午後の役割を明確にする

わたしは一日の予定をかなり細かく分解している。

そして「自動的にやる」仕組みを作っている。

「やろう」とは思ってやっていないし、いちいち考えて動いてもいない。

これをやったら、次にこれ。その次はこれ。という順番通りに終わらせていく。

そういうルーティーンを作っている。

なにをするかは決めているが、時間の割り振りはしていない。

ただやることを並べている。

理想の終了時間を想定しているけど、だいたいその通りには終わらない。

それでいいと思っている。かかる時間は関係ない。

とにかく全部終わらせることの方が大事。

そして一日のうちにやらなきゃいけないことは全部、「朝のうちに終わらせる」と決め

ている。

とにかく朝の時間を徹底的にデザインすることにした。

このあと、細かく解説するけど、次のページにざっと朝の「ルーティーン」を表にしてみた。

いまはこんな感じになっている。

なぜ朝なのか。

それは午前中は自分でコントロールできる時間だから。

まず仕事先からの連絡が少ない。特に早朝の時間帯は本当に静かだ。

だから集中力のいる仕事はすべて、朝に集中させる。

朝の4時から9時くらいまでが仕事のゴールデンタイムだと思っている。

自分の集中力も、朝の方が圧倒的に高い。

そして9時ごろまでは本当に、ほとんど誰からもメールがこない。

マジ、静寂。クワイエットタイムだ。

だから、集中力のいる仕事や大事な作業は、すべて早朝のうちに終わらせる。

4:00~4:30

- 起床→ペットボトルを開けて水を飲む
- 外(ベランダ)に出る
- 空の写真を撮る→撮った写真をインスタに投稿
- 気温を予想→答え合わせ
- 手を合わせ→昨日に感謝→今日に挨拶→深呼吸3回
- ストレッチする(約2分)
- 部屋に戻る→体温を測る→記録する
- アニソンを聴きながら足と腰のストレッチ(約5分)
- SNS、ニュースチェック→企画を考える→AIと対話
- 瞑想(約5分)
- コーヒーを淹れながらスマホゲームをする

4:30~9:00

- 仕事場のデスクへ→録画したアニメかドラマをつける
- 昨日の答え合わせをする→やりたいことリストを書く
- 朝終わらせることを全部書き出す→順番を決める
- 簡単にすぐ終わる仕事ひとつ(前日に残しておく)
- 1日1冊の読書のメモをXに投稿
- 今日やるべき集中力のいる仕事をすべて終わらせる
- 毎日1枚写真の現像
- はてなブログを書く(見た映画の感想)
- 本の原稿を書く(毎日必ず少しだけ進める)

9:00~12:30

- 昨日の日記をスマホに書く
- マンガを1日1話読む
- 短歌の歌集を読む→自分の短歌をひとつ詠む
- 手書きの日記帳にイラスト日記を書く
- WiiFitをする:体重測定と腕立て伏せ＋腹筋運動
- 栄養チャージ:納豆とヨーグルトと牛乳
- SIXPADで腹筋の筋トレしながらゲーム
  - ドラクエX:日替討伐と試練の門など決まったことを
  - どうぶつの森:推しのラミーにプレゼント＋記念撮影
  - 大作ゲームをする:1日約15分(小さく目標クリア)
- HIIT筋トレ:1日4分
- 定点撮影:毎日ベランダから同じ場所を撮影
- 歯磨き(＋しながらスマホゲーム)＋サプリを飲む(数種類)
- トレーニングウェアに着替える
- 掃除をする(曜日によって違う場所)
- ダンスの練習(1日約5分)1年にひとつフリをマスターする
- ジョギングに行く:1日4・2キロ(ラジオを聴きながら)
- シャワーを浴びる
- 1日1冊本を読む(それ以外にも少しずつ読む本も読む)
- ゆっくり朝ご飯を食べる

書いてある時間はあくまで目安。より早く終わることもあるけど、たいていはもっと時間がかかっている。

朝でやるべきことがすべて終わる。1日がここで1回終わる。

そして午後はもう1日、別の1日と思って生きている。

午前中で大事な事を終わらせ、午後はフレキシブルに対応する時間にする。

打ち合わせや、修正作業、集中力を必要としない仕事などは午後。

家庭内の雑用や外出の用事も午後にもっていく。


午前中は、ルーティーン・パート。

午後は、フレキシブル・パート。

そんなふうに1日をデザインしている。

1日が2倍になる。これこそがまさに「時間のデザイン」の最大の効果だ。

それではここから、具体的にどんなふうにルーティーンを組み立てているか、どのように時間をデザインしているか、わたしの時間の使い方を解体しながら、習慣化していくコツと、組み立てながら、どんなことを考えているかを解説していこうと思う。

午前は集中する時間、午後は対応する時間

無理せず一歩目を踏み出すために
最初になにをするか「起点」を決める

時間をデザインする上でいちばん大事なこと。それは「起点」を決めること。

つまりルーティーンの最初の一つ目のアクション。

起点を作ってそこから数珠つなぎで習慣を連鎖させていく。

わたしの場合、それは朝一、起きたすぐあとに設定している。

「起きる」ことは毎日必ずすることなので、起点としてはいちばんわかりやすい。

「起きて最初にすることをハッキリさせておく！」一歩目、超大事！

起きてすぐにいろいろはじめたら大変じゃない？　と思う人もいるかもしれないけど、ちっとも大変じゃない。最初の行動を起こしたら、あとはゆるやかなドミノ倒しのようにルーティーンが続いていく。

起きてすぐなにかするのが難しい人は、別の起点を作る。少し時間をおいて、顔を洗ったあととか、朝食を食べたらとか。いずれにしろ毎日必ずする行動に紐付けた方がいい。

わたしは大体朝4時ごろに起きる。前日夜遅くまでお酒を飲んだときは6時くらいまで寝てしまうこともあるが、別にそれは大した問題ではない。自然に眠りから覚めればいい。

起きたらまずは水を一杯飲む。水を飲んだら、サッシを開けてベランダに出る。外の空気を吸う。冬は寒いけどちょっとだけ我慢する。そして**【スマホを取り出して、空の写真を撮る】**。ここから一日がはじまる。たまたまはじめたことだけど、これがじつに気分がいい。朝一で日の光を浴びるのは健康にいいものらしい。

撮った空の写真は「#モーニングルーティーン朝の空」とハッシュタグをつけて、**【インスタグラムの朝の空の写真専用のアカウントに投稿】**する。もちろんインスタのプロフィール画面は空の写真だけである。ほとんど同じ時間に撮った同じ方角の空だ。でも同じ空はひとつもない。空の色も違うし、雲の量も違う。たまに虹が出ていたりもする。

これを朝の一歩目としているのは、自宅でも旅行先でも、どういう状況でも、どんな気分でも、どんな体調でも楽に続けられるからだ。

朝の空の写真
Instagramアカウント：terahe3

ルーティーンの起点をしっかり決める

仕事までの流れを作るために
身体と頭を少しずつ動かしリズムを作る

起点となる一歩目をはじめたら、「小さな習慣」をつなげていく。

リズムよく一日がはじまっていくように自分なりの気持ちよい流れをデザインしていく。わたしの場合は、朝一で本格的な仕事に取りかかることにしているので、仕事をはじめるまでの流れを意識して行動をデザインしている。

いくつもの小さな習慣を重ねてリズムを作って、「やる気」を出さずにデスクに向かう流れを作る。たくさん行動をつなげているのは、それだけ「仕事に向き合う」ハードルが高いから。

ただ、この流れを毎日きちっと守ってやっていけば、無理なく仕事に入っていける。

少し長くなるけど、こんなふうにデザインしている。

空の写真を撮ったあとは、ベランダに出たまま**【外の気温を予想】**する。

今日の気温を肌で感じて、予想した数字をスマホのメモに書き込む。

それから実際の気温をスマホで調べて、答え合わせをする。

2年以上続けているおかげか、最近ではほとんど誤差がない。

また同じ「暑い」でも「寒い」でも、毎日微妙に変化しているのがわかる。

今日の空気は、昨日とは明らかに違うことが実感できる。

それから、【決まった方角に手を合わせる】。

【昨日に感謝して、今日に挨拶する】。声に出して感謝することに対して、最初は少し抵抗があった。

でもやってるうちに、ふつうに声を出せるようになった。声に出して昨日に「ありがとうございました」、今日に「はじめさせていただきます。よろしくお願いいたします」と言うのは案外気持ちがいいものだ。

そして【手を合わせたまま深呼吸】。3秒間かけて鼻でゆっくり息を吸って、3秒間呼吸を止めて、6秒間かけてゆっくり口から息を吐く。それを3回繰り返したあとは、そのままベランダで2分ほど、軽く【上半身のストレッチ】をする。関節に血を巡らせるようにして、主に首や腕を動かしていく。

ストレッチを終えたら、部屋に戻って【体温測定】。

スマホのメモに体温と測った時間を記録したら、【音楽アプリでアニソンを再生】する。

今度は足と腰を中心にした**【下半身のストレッチ】**を5分間する。座りすぎで足に痛みが出たため、整体の人にすすめられてはじめたストレッチだ。

もともと身体が硬くて前屈で指が床につかなかったのが、前屈のストレッチを何ヵ月か続けているうちに床につくようになった。こんなことも継続すると効果が出るのだなと思った。アニソンが一曲終わるころ、ストレッチを切り上げる。

ストレッチが終わったら、ふつうに**【スマホでSNSやネットニュース】**を見はじめる。やってることは「だらだらスマホを見てる」だけだ。だいたい10分間くらいと決めているけど、20分間くらいぼんやり見ていることもある。

でも、その時間をわたしは**【企画を考える時間】**と呼んでいる。だらだらスマホも「企画探し」という名前を付けるだけで、急に無駄な時間ではなくなる。

SNSやネットニュースを見ながら、「企画を探している」と意識するだけで、「あ、これ面白そう」とか「こんな困ってることがあるんだ、なにかサービスを考えられないかな?」とか、なにか思いつく。

最近はそのひらめきをもとに、ChatGPTに「こういうテーマに興味があるけど近い事例はある?」などと問いかけたり、対話したりして、企画を深掘りすることもしている。

ChatGPTの使い方に関してはまだまだ模索中だ。ただ毎朝のルーティーンとして触れることで、結果的に一日一回【AIの使い方を考える時間】が組み込まれていることになっている。

思いつく企画一つひとつはたいしたものではない。

ただ、こうして溜めたメモを月に一度見直して整理していると、月に数本は、書籍の企画が見つかったりする。それを出版社に提案している。

わたしはデザイナーなので企画を考えることは本業とは関係がない。けど、これがバカにできない。ときどきだけど、このメモがきっかけで実際に本が生まれることもあるからだ。中にはベストセラーになった本もある。企画が通ればもちろんデザインの発注がもらえる。きちんと仕事にもつながっている。

もともとは単なる「だらだらスマホ」の時間なのだから、なんの役にも立たなくたっていいいし、もしなにかの役に立つなら儲けものだ。

企画を考えたら**【5分間の瞑想】**をする。

やり方は完全に自己流。スマホで瞑想用に心地の良い音楽などを準備しておいて、それを流しながら目を閉じて、ただ座って、頭を空っぽにして深呼吸する。

心の中で（吐いてー）（吸ってー）と唱えながら呼吸に集中。頭の中になにか浮かんできたら逆らわず、そのまま放置しておく。これを何分か繰り返すだけで気分は少し落ち着く。どんな効果がどのくらいあるのかわからない。だけど、やらないよりやった方がいいと思っている。

瞑想のあとは、**【ポケモンGO】**をやる。ゲーム？「はいゲームです」。ポケモンを一匹捕まえて、ポケストップ（アイテムを入手できるシンボル）を回して、友人にプレゼント（フレンドに贈ることができるアイテムの詰め合わせ）を贈っている。ポケモンGOはサービス開始のころ、少しだけ遊んで放置していたものだ。ずっとやってなかったんだけど、最近になって友人がこのゲームをはじめて、フレンド登録して欲しいと言われたのをきっかけに、どうせなら習慣にしてしまおうと思ってはじめた。毎日その友人にプレゼントを贈るためだけの習慣と言ってもいい。こうしてかれこれ1年以上、毎日プレゼントを贈っている。

プレゼントを贈り終えたらキッチンに移動する。**【コーヒーを淹れる】**ためだ。お湯を沸かしコーヒーを淹れながら、**【スマホゲームをあと3つプレイ】**する。

ひとつはピクミンブルーム。これは万歩計がわりに使っている。前日の歩いた歩数のチェックをして、だいたい1万歩歩けていたら合格と思っている。また日付ごとに写真を貼れるので、ついでに前日食べた料理の写真を1枚記録している。その他、RPG系ゲームを2本やっている。やっているといっても、毎日報酬をもらって、無課金で遊べるところまでのろのろと進めているだけ。

コーヒーがはいったらゲームも終了。

コーヒーを持ってデスクに移動する。

だいたいここまで起きて30〜40分。少しのんびりしたいときは1時間かけることもあるし、急いでいるときは瞑想を1分で切り上げたりして20分くらいに時短することもある。短縮はしてもスキップはしないで一応、すべてもれなくやるようにしている。どうでもいいようなこともふくめ、仕事に向き合うためのウォーミングアップだと思っている。全部終わらせて、気持ちよくデスクに座る。

ここから仕事がはじまる。

意味のないことも交ぜながら自分なりのリズムを作っていく

一日をイメージするために

「昨日の答え合わせ」をする

だいたい朝4時半、遅くとも5時までにはデスクにつく。

そしてデスクに座ったらまずテレビをつける。

あまりほめられたことではないかもしれないと思うけど、**わたしは仕事をするときつねになにかを見ている**。だいたい前日放送された**【テレビドラマか深夜アニメを見る】**。この2つを見るのは一種のライフワークになっている。

テレビをつけたら1日のはじまりの儀式として、**【昨日の答え合わせ】**をする。それから**【「今日やりたいこと」を書く】**。

まずはＭａｃのメモ帳を開く。そして「今日やりたいこと」を箇条書きでだーっと書き出す。昨日書いた「今日やりたいこと」ができているかどうかを確認する。それだけの習慣。

メモのタイトルはそのまんま「今日はこれやる！」として、この映画を見に行きたいとか、ゲームをここまで進めたいとか、この本を読むぞとか、この仕事は終わらせるぞとか、夜ご飯はこれを食べたいとか、なんでもいいから、思いつくままにざーっと書き出す。

書くのはあくまで「やりたい」という希望だ。**「絶対にやるべき」とか、自分にそういう重圧はかけない。**

ただ決めているのは「行動」レベルで書くこと。「楽しく過ごす」とか「仕事がんばる」みたいな曖昧な書き方はしないことにしている。「○○のデザイン案を作って送る」「夜は美味しいものを食べに行く」など、「できた」か「できなかった」かを明確に判断できる書き方にする。

それを書けるだけ書く。最低でも5〜6個くらいは書く。

書き終えたら翌朝までそのメモは見ない。

大まかな計画を頭にインストールするような感じだ。

翌日に答え合わせをする。

できたことには「○」をつけ、できなかったことには「×」をつける。できなかったけどかわりにやったことがあれば「△」。

○×△を書いて、その横に5点満点で点数をつける。

よくできたら5点、△や×でも満足していれば5点。完全に忘れていたら×0点。

こんな採点は完全に遊びなので、真剣にやらず、5分もかけずに終わらせる。

ちょっとしたことだけど、遊びも仕事も「今日やりたいこと」を先に全部書き出しておくと、気持ちよく一日をはじめられる！

最初に今日の1日をなんとなくイメージする

今日はこれやる！

今日やりたいこと！

6/5（水）

映画「功夫大作戦 2」見に行く！！

「功夫大作戦」をテレビで復習

読みかけの小説を最後まで読む！

昨日打ち合わせした２冊、デザイン案作る

『主人の心得』のデザイン案を仕上げて送る！

明日見に行く写真展を探す

昨日の答え合わせ

6/4(火)

飲み会に顔出す　○2　終わるころ少しだけ顔出せた！

そのあと別で飲みに行く　○5　なんと南村敬一さんと遭遇

映画「恋文横町の奇跡〜トンカツ慕情」見る　○5　見た！感動した！

映画缶ポッドキャストの収録日の件連絡　○5　した！来週水曜

『1円でもお宝』（成沢平吉）デザイン案仕上げる　○5　送った

新規打ち合わせ２件やる！　○5　きちんとやった！

足のリハビリ行く　○3　行った！けど足痛くなった…

書店リサーチに行く　×　時間がなかった

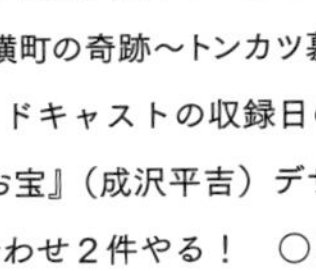

午前中にやるべきことを終わらせるために

朝やることをリストアップする

「やりたいこと」を書き出したら、次に**【「やるべきこと」をリストアップ】**する。

その日の朝のうちにやっておくべきこと。

それはつまり「今日終わらせるべきいちばん大事なこと」だ。

書くのは「やっておきたいこと＝希望」ではなく「必ず終わらせること＝任務」である。

これをわたしは**「朝イチ・コンプリートタスク」**と呼んでいる。

その日の大事な仕事は全部ここに書き出す。やっておくことは全部だ。

いったん書き出したら、終わるまではデスクを離れない。そう決めている。

一日のうちで「やっておくべきこと」は、朝のうちにすべて終わらせることにしている。

一日の重大ミッションはすべてここで片づける。


「朝起きたら、いちばん大事なことに取りかかり、全部終わらせる」

このルールを毎日、確実に守るようにした。

やり方もなにもない。やるべきことをすべて書き出して、順番にやっていくだけ。

ある日のコンプリートタスク

まずはメールとスケジュール帳を見て、今日終わらせたい「大事なこと」をリストアップする。

【事務仕事】
□昨日もらった領収書の整理
□昨日もらった仕事の依頼を引き受けるかどうか、スケジュールを確認して返信
□昨日夜中にきた進行確認のメールへの返信

【デザイン仕事】
□デザインの修正依頼を確認↓修正して送る
□昨日打ち合わせした本のデザイン↓まず1案目を作る
□締め切りが近いデザイン仕事↓最後にもうひと練りして編集者に送る

【仕事以外のこと】

□昨日読んだ本のメモをXにポスト
□写真の現像1枚（毎日必ず1枚）
□映画館で見た映画の感想（全作品書くことにしている）をブログに書く
□短い映画感想をXにポスト
□本の原稿を毎日少しずつ書く

タスクを書き出したら、リストにして並べ直す。

すぐに終わりそうな仕事を先に、いちばん時間がかかりそう、あるいは時間をかけたい仕事をうしろに、順番を並べ替える。

タスクを出し切ったら、今日終わらせたい目標時間を日付の横に書き、メモ帳に付いている機能を使ってチェックリストにする。あとは順番にそれらを終わらせる。

終わったらチェックして、何時に終わったかを書き入れる。

大事なことは、朝イチに終わらせる

朝イチ・コンプリートタスク

6月5日（水） 朝9時半までに終わらせること

☑領収書の整理　4:40

☑昨日きたメールに返信　4:50
（お仕事依頼のメール）

☑デザインの修正依頼に対応　5:10

☑読書のメモをXに投稿　5:30

☐『カツオはマヨで食べなさい』のデザイン1案目を作る
（前日に打ち合わせした本）

☐『野菜流通革命　あのトマトの味をもう一度』
のデザイン1案目を作る（前日に打ち合わせした本）

☐『究極論』のデザイン3回目を作る（前週に打ち合わせした本）

☐『主人の心得　炎を制する心構え』（前週に打ち合わせした本）
→最後にもうひと練りして編集者に送る

☐写真の現像1枚（毎日必ず1枚）

☐映画館で見た映画の感想をブログに書く

☐短い映画感想をXに投稿

☐自分の本の原稿を書く

終わったら
チェックマーク
を入れて
終わった時間を
書き込んでいく

仕事の一歩目を踏み出すために
まずはエンジンを温める

重要なのは、手をつけていく順番だ。まずなにからはじめるか。

はじめに「仕事の弾み」をつけたい。だから**【「すごく簡単な仕事」をいくつか終わらせる】**ようにしている。そのために前日いくつか簡単に終わる仕事を残している。

たとえば、新しく依頼された仕事への返信メール。あるいは前日の夜にきた修正依頼の対応。もしくは前日会った人へのお礼のメールなど。

数分、長くても20分もあれば終わる「小さな作業」を2〜3個やる。もし該当する作業がなければ、前日の領収書の整理でも、キーボードの汚れを拭くのでもなんでもいいから、**まずは「終わる」達成感を味わう**。

小さな仕事をいくつか片づけるうちに、少しずつエンジンがかかっていく。

こうして弾みをつけて、少しずつ複雑な仕事や、頭を使う仕事にシフトしていく。

ただ、まだ本格的な仕事には入らない。

その前に必ず**【「読書の感想」をXにポスト】**している。

毎日1冊ずつ読んでいる本のアウトプットだ。

以前は本を読み終えた直後、Xにメモをポストしていた。だけど、これがものすごく負担だった。1日のうちのやりたくないことベスト3に入るくらい大変。

読んだ本に関するメモをSNSに投稿する。

このなんでもないような作業が本当にキツかった。

特に最初の1年は地獄の苦しみだった。理由は簡単だ。「間違えたことを書いちゃいけない」「バカだと思われたくない」という思いがあったからだ。「きちんと書かなきゃ」という思いが強すぎて勝手にプレッシャーを感じていた。その「余計な足かせ」のようなものは2年、3年と続けていくうちに外れていったが、それでも心の負担という意味ではけっこう大きい。

そこでいろんなやり方を試した。その結果、**読んだあとすぐではなく、少し時間を空けて投稿すると負担が軽くなる**、ということがわかった。

なのでいまは、読み終えてから2日ほどおいた朝の時間帯に、その本の感想を投稿することにしている。時間を空けることで頭が整理されて、この本のどこが自分にとってツボだったかが鮮明になる。

改めて読書をしながら書いたメモにさっと目を通し、短めの文章にまとめてXの投稿画面にペーストする。たいてい少し文字量がオーバーするからいらない表現を削ったり、言い方を変えてみたりする。

字数の制限は簡潔にものを伝える訓練になる。

削るために何度もメモを読み込むので、**結果として本の内容が記憶に残りやすい。**

読み終わった直後に撮った本の写真と、通算何冊目かの冊数を書き込み投稿は完了。

目安として15分くらいで終わらせる。

慣れてきても読書メモの投稿はそれなりに大変ではある。

本格的な仕事の前に、少しハードルの高い作業を挟むことでスイッチが入る。

小さな作業でエンジンを温めて、読書のメモを投稿してアクセルを踏んで、一気に大事な仕事に突入していくイメージ。

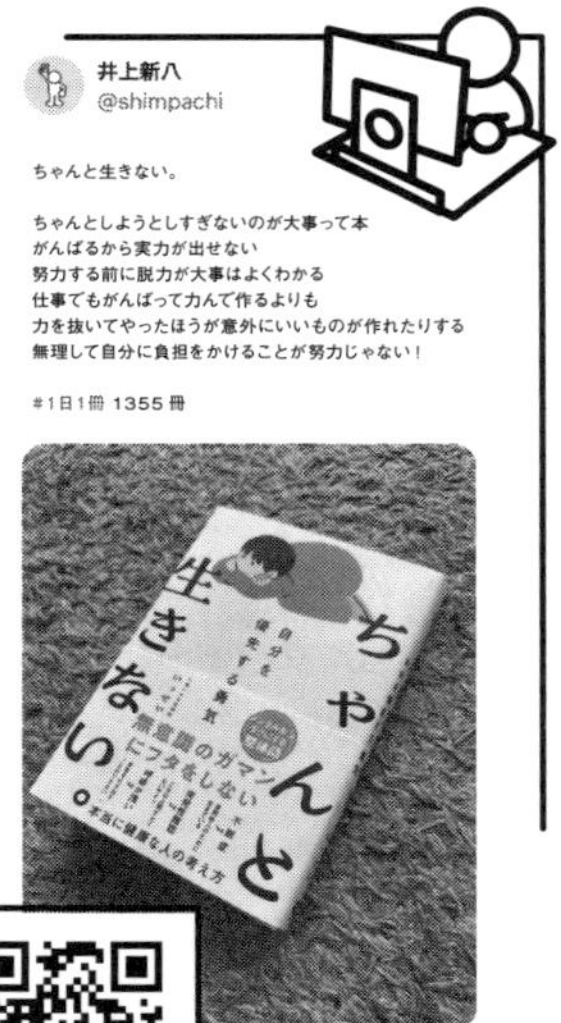

Xアカウント:井上新八
@shimpachi

小さな仕事からやるとエンジンがかかりやすい

最重要ミッションに向き合うために
超集中する時間を作る

Xへのポストを終えたら、本格的に仕事をはじめる。

ここで**【「その日、いちばん大事な仕事」に取り組む】**。

ここからが仕事のゴールデンタイムである。

朝のルーティーンは、すべてこの時間のためにあると言ってもいい。

日によって時間はマチマチだけど、早ければ5時台、遅くとも6時台にはこのゴールデンタイムに到達していたいと思っている。

ここからは時間を制約しない。「やらなければいけないことを、納得のいく形で終わらせる」ことだけを考えて作業する。

ここまでのステップは、フラットな気持ちで仕事に向き合う工夫でもある。

できるだけ本気を出さないで仕事をはじめたい。「よし！　やるぞ！」と気合いを入れてはじめると、次第にパワーダウンしてしまうからだ。平常心で仕事に向き合って、やりながら気持ちを入れていく方が長持ちする。

数々のルーティーンはそのための装置でもある。余計な力を入れずに、メインの仕事に着手するための仕組み。

これはできるだけ心が負担を感じないように、でも集中力が高まるように、自分なりに試行錯誤して導き出したやり方だ。

ここからの数時間は、テレビを見ながら作業していても内容が頭に入ってこない。テレビがついていたことすら忘れるほどだ。完全に超集中したフロー状態になる。それを確認する意味でもテレビをつけておくことには意味がある。

まずは**【前日に打ち合わせがあったら、必ず翌日にその案件のデザインをする】**。必ず1パターンは、打ち合わせの翌日にデザイン案を作る。

ここでは、

「雑でもいいから必ず作る。ただしこのまま提出しても、問題がないくらいまでは作る」というルールにしている。

それから前日、もしくはそれより前に作ってあったデザイン案に手を入れる。

こうやって大体3件か4件のデザイン仕事を順番にやっていく。

順番に終わらせるが、別の作業をしているときに前の仕事のアイデアが思いついたりするから、縦横無尽に行き来するようにもしている。

仕事を一つひとつ終わらせていきながら、ザッピングするように仕事をまたぐのだ。

中途半端な状態にして、次のデザインに移ることはしない。戻るのはOK。だが、終わらせずに次にはいかない。

一つ終わったらチェックを付けて、終了した時間を書く。

30分で終わるものもあれば、2時間、3時間ほど没頭してしまうものもある。

それはそれでいい。どんなに時間をかけてもいい。そのために作っている時間だ。**時間感覚がわからなくなるくらい没頭できたら、それはある意味で勝利だ。**

いずれにしろこの時間帯で、一日のうちでいちばん大事な仕事をすべて終わらせることにしている。

終わらせられないような無理なリストははじめから作らない。

ちょっとがんばれば終わらせられるくらいの量を設定している。

そのためにも締め切りをしっかり把握しておく必要がある。

締め切りにもしっかりルールを決める（2章で解説する）。

この時点で「集中力」と「創造力」のいる作業、主に新しいデザインのラフを作る作業は完了。

朝の静寂の時間のうちに終わらせてしまう。

これが一日を平和に過ごすための条件と思っている。

ちなみに日曜日はこの時間帯に**【ｎｏｔｅを書く】**（ｎｏｔｅは、文章を中心としたコンテンツを手軽に発信・共有できるサービス）。文章を書くのも朝の時間でないとなかなかできない。

ｎｏｔｅは土曜日にお題を考えて、日曜日に下書きをして、月曜日に手を入れて投稿する、という手順を習慣にしている。

きちんと文章を書く習慣。これも大事なミッションだ。

静寂の時間のうちに終わらせると一日が静寂になる

創作することを絶やさないために
「写真」と「文章」「創作」と向き合う

朝の9時あたりに「一日の大事な仕事が終わった状態」だと理想。ま、理想通りの時間に終わることはほとんどないけど……。

デザインの仕事が終わったら、息抜きにブログを書く。

まずブログの投稿用に**【1日1枚、写真作品を現像】**している。現像といってもフィルムではない。デジタルで色やディテールの調整をして、一枚の作品に仕上げ、ブログに投稿する。

これは年に一度、新宿のゴールデン街で開いている写真展のために続けている。写真展に展示する作品の候補を1日1枚、1年で365枚作っている。

写真と一緒に、**【「映画館で見た映画の感想」をブログに書く】**。

ほぼ毎日映画館に通っているので、映画の感想と写真はセットで投稿する。

写真は、見た映画にインスパイアされたタッチで現像するようにしている。

それはテーマなのか、色合いなのか、映像の雰囲気なのか、ほとんど自分にしかわからないようなこだわりではあるけど、映画で感じたなにかを写真に込める。

それから映画の感想を書く。もう8年以上、ほぼ毎日映画の感想を書いている。最初はいい加減に書いていたけど、少しずつ書くのが難しくなってきている。

おそらく自分で書くハードルを上げたせいだ。書くのが難しくなって、時間が余計にかかるようになった。そのおかげかはわからないけど、いまではときどき「はてなブログ」の公式からオススメしてもらえるようになった。嬉しい。

文章の質が上がったかどうかの判断はつかないが、**8年も続けると自然となにかが変化していくものなのかもしれない。**

写真と映画の感想をブログにアップしたら、今度は**【映画の短い感想をXのポスト用に別に書く】**。

2024-06-09

しじゅきゅうまい

「逢国日記」を見た。

距離感がとてもわたし好みの映画でした。というか、いま見たかったのはこの映画だったかもしれないというジャストナウな映画だった。ここのところ「わかり合えない」人間同士の殺伐とした地獄のような映画ばかり見ていて、それはそれでとても好みではあるんだけど、この映画の描く「人は分からない」けど、寄り添うことはできるというテーマに癒される感じがあった。とくに泣くでもなく、心が大きく動くわけで
んだけど、なんだかすごく心地よかった。感動
いうより、ちょっと嬉しくなるような映画だっ
距離感がいい。近づきすぎず、拒絶もしない。

しんぱちのブログ（はてなブログ）
https://shimpachi.hatenablog.com

長くつらつら書いたブログの文章を、140文字に圧縮する作業だ。AIは使わずに新しく書き起こしている。違うフォーマットで二度書くことによって、小さな気づきを得られるからだ。なるほどこんな簡単な言葉にまとめられるのかと思ったり、**短くすることによって、自分がじつはなにが言いたかったのかがわかったりもする。**

映画のブログを書き終わったら、今度は**【自分の原稿に向き合う】**。
原稿というのは、いまあなたが読んでいるこの文章のこと。
もし本当にいまこの本が出ていたら、その時間に書いたものだ。
まとまった時間は取れないが、細切れなら時間は作れる。
毎日30分間は原稿と向き合い、一行でもいいからなにか書く。
30分間取れなくても、10分間は向き合う。
本当に時間がないときでも5分間は原稿に向き合うと決めた。
前日に書いたものを少し手直しするだけでも、確実に小さな一歩になる。
小さく続けるが、必ず毎日進める。1ミリでも前に行く。

まとまった時間はないけど、小さく積み上げることはできる

趣味と運動を両立させるために

インプットとアウトプットと運動を交互にする

原稿を書き終わったら「朝イチ・コンプリートタスク」は終了。

ここからは、趣味と運動の時間になる。

「やるべきこと」が終わったので、次は「やりたいこと」をやる時間。

でも大事なことはほとんどない。どうでもいいようなことばかりだ。

大事なことばかりやっていると、人生は途端につまらなくなる。

どうでもいいバカみたいなことをいかにきちんとやるか。

それこそが人生を豊かにしていくことだとわたしは信じている。

だからわたしは「どうでもいいことこそ真剣にやる」ために、それを習慣化している。

まず**【スマホのメモに「前日の日記」を書く】**。

メモ帳には「よかったこと」というページを作ってある。

そこに前日のよかったことをみっつだけ書き出す……ということを以前はしていたんだ

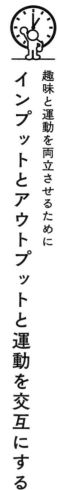

けど、もうだいぶ変わってしまって、いまではかなり詳細な日記を書いている。前日の朝から寝るまでに起きたことを順番に書き出して、それぞれの出来事について感想を書き加えている。

人に読ませるものではないのでほぼ書き殴りだ。思いつくままに、頭に浮かんだことを紙に書いていく「ジャーナリング」という手法があるけど、あれに少し近いと思っている。前日のことを思い出しながら、ちゃんと文章にするのではなく、出てくる言葉をただ書いていく。ブログには書けなかった映画や読書の感想も、メモのつもりでさらっと書くと意外と素直な言葉が出てきたりする。

そういうときは長文になっても、頭から出てくるまま書いていく。

日記を書き終えたら、**【1日1話マンガを読む】**。

マンガは必ず毎日読むと決めている。

マンガが好きなのに忙しくて何年も読めなかった時期があり、あらゆる対抗策を考えた末、単純に「1日1話」と決めたら読めるようになった。

1日の5分間はマンガに使う。だいたい1週間で単行本1冊分。冊数としては多くないが、ゼロ冊よりはマシだと思っている。何事も「ゼロよりイチだ」。

次に **【「短歌集を読む」】**。

毎日1～2ページ、短歌集をめくって、目に留まった短歌をメモに書き起こす。

そしてその歌のなにがいいのか、フレーズなのか、情景なのか、言葉の並びなのかを考える。そのあと、自分でも **【短歌をひとつ作ってみる】**。

読んだ短歌から受ける影響はまちまちだが、なにかしらの影響は確実にある。

たとえば日記のような短歌を読めば、自分で作る短歌も日記のようになる。

子ども時代の情景を描いた短歌なら、自分も子ども時代に感じたことを書いてみたくなる。

「短歌を読む＋短歌を詠む」という組み合わせ。これはすごく効果的なセットを編み出したと思っている。

それから **【手書きの日記を書く】**。

じつはスマホに日記を書くようになって、手書きの日記の役目は終わっている。

以前は手書きの日記に、見た映画・ドラマ・アニメなどのタイトルや感想、食べたものなどを記録していたのだけど、それらはすべてスマホのメモに置き換わった。

手書きの日記はやめちゃう？　と思ったんだけど、フリーランスになりたてのころから続けている習慣なので、手放すのはもったいない気がして、「手書きの日記」の使い方を変えることにした。

いまは1日1ページを縦に3分割して、3つのパートに分けて書いている。

- （中央）前日の体重と走った距離、見た映画と読んだ本のタイトルを書き、真ん中に前日の印象的な出来事をイラストで描く
- （左）昨日のハイライト、よかったことを3つ箇条書き
- （右）今日をどんな1日にしたいか思いつくままに書く

大きく変えたのは**【「イラスト」を描く】**習慣だ。

イラストと呼ぶには雑すぎるものだけど、映画のワン

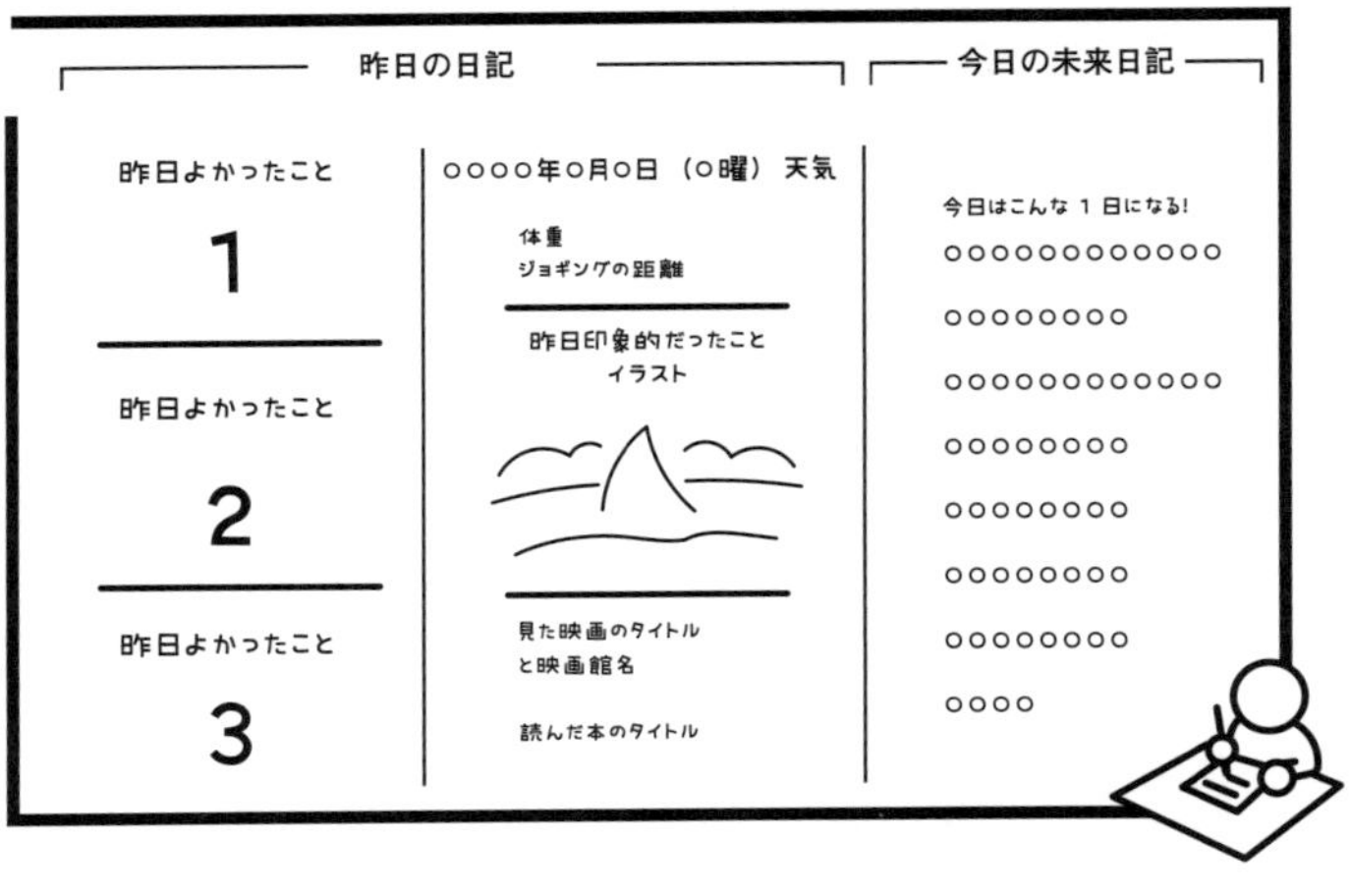

シーンや食べたものを、ささっと1分程度で描いている。上手い下手は気にせず、なにかを絵にしようという意識だけがある。イラストを1枚入れるだけで日記の見た目が華やかになった、気がする。

次に、**【「Ｗｉｉ Ｆｉｔ」】**という任天堂のゲームソフトを起動。

２００７年に発売されて以来、家にいるときは毎日使い続けている。

これで毎日体重を量って、ゲーム内のプログラムに従って**【腕立て伏せと腹筋】**をする。

これを５６００日以上続けている。

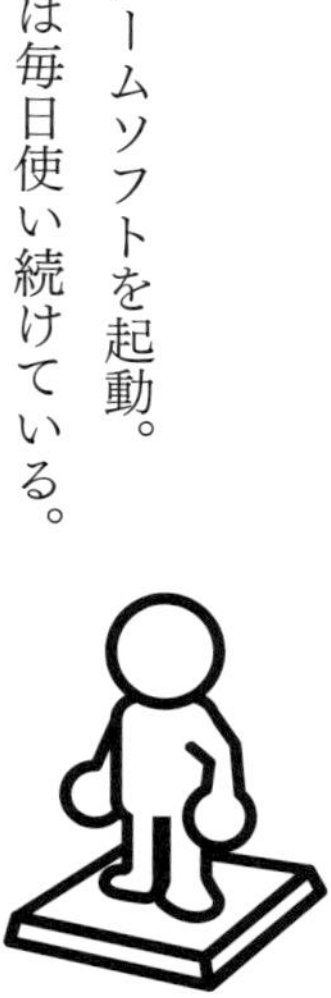

体重を量るのは単に体重の増減を知るためだけど、**【体重を毎日記録する】のは趣味としてじゅうぶんに面白い。**

お酒を飲んだ翌日に体重が増えている日もあれば減っている日もあるし、食べ過ぎたなと思った翌日に体重が案外増えていなくてよかったと安心していたら、２日後にいきなり急激に増えることもある。そういった変化が、グラフになって残っていくのが興味深い。

そして体重を記録することで、体型を維持できている。フリーランスとして働く人間として、特にひとりで働く身としては、体調の管理と体力の維持がマストでもあるので、Ｗｉｉ Ｆｉｔを続けていることは大きな意味を持つ。毎日体重を量る。適度な筋トレをする。それらは、このゲームが習慣づけてくれたことだ。

ここで少しだけ栄養補給をする。

【納豆とヨーグルトを食べ、牛乳を飲む】。

ヨーグルトは16年、納豆は9年くらい、毎日食べ続けている。

牛乳は毎日飲むようになって3年ほど。

納豆はできるだけ毎回違うもの（メーカー・味・シリーズなど）を食べるようにしてる。

3年くらい前からはじめた**【「食べた納豆」の記録】**のためだ。

2年前から食べた納豆の写真と味や特徴のメモをXに投稿しはじめた。

もう何百種類食べたかわからないが、探せばまだまだ知らない納豆が日本にはたくさんあるらしく、それを発掘するのがなかなか楽しい。

いまではこれが大きな趣味になっている。

この3年間で「推し納豆」がいくつも見つかっ

Xアカウント:なっとうさま
@itosamadeth

た。

鎌倉山の「あらびき納豆」、あずまの伊勢志摩「あおさのりだれ」納豆、納豆職人が納豆菌に話しかけながら作っているという「ゆきこつぶ」納豆。二代目福治郎の1個1000円超えの「丹波黒」という最高級納豆も記録を取りはじめなかったら出会えなかった納豆だ。どこかへ出かけたらスーパーに行って、見たこともない納豆を探す趣味ができた。

次に**【SIXPADで筋トレ】**をしながら、ゲームをする。

まず、SIXPAD（シックスパッド:座ったまま筋肉に刺激を与える筋トレ用のギア）を腹筋にセットして電源をオン。自動的に腹筋を鍛える。

SIXPADにはふたつの効果があって、ひとつは腹筋への刺激、もうひとつはゲーム終了時間を知らせるタイマーの役割だ。

SIXPADの筋トレ時間23分。これをゲーム終了の時間の目安にしている。

ゲームはNintendo Switchの電源を入れて、**【ドラクエX】**をはじめる。

ドラクエXは発売から12年以上、毎日コツコツやってる（総プレイ時間は4300時間以上になる)。

毎日やっているのは、お題に沿ってモンスターを討伐する日替わりのお仕事と、武器鍛《か》冶《じ》職人のお仕事を少しやって、週末には試練の門（強力なモンスターとの連戦が楽しめる週に一度挑戦できるコンテンツ。プレイヤーは経験値やゴールド、アイテムなどを効率よく獲得できる）などをしている。

ドラクエはわたしの人生そのもののような存在なので、これは一種のお祈りの時間のようなものだと思っている。1日数分しかやらないのに月に1000円の利用料を払うのは、ある意味お布施だ。

ドラクエが終わったら同じくSwitchで、わたしの習慣化の原点でもある**【「どうぶつの森」】**（「あつまれどうぶつの森」）をプレイする。

Switch版の「どうぶつの森」は、特に目的もなく1年ほど適当に遊んでいた。ところが1年ほど遊んでいたら、ララミーがたまたま引っ越してきた。DS版で遊んでいたときに毎日会っていた、あのララミー。

偶然の、そして運命の再会だ。

それからは**【ララミーに毎日挨拶をする】**という目的ができた。

毎日、挨拶をしてプレゼントをわたし、2ショットの記念撮影をする。ララミーが引っ越してきてから、この習慣を欠かしたことはない。

いまのわたしの趣味は**【「ララミーのしゃしん」を集める】**ことだ。

たまに、プレゼント交換のお返しとしてもらえる特別なプレゼントが「ララミーのしゃしん」だ。ほんとに気まぐれで、ときどきくれる。2ヵ月近く毎日プレゼント交換してるのにもらえないこともあれば、1週間くらいの間隔でポンとくれることもある。

不思議と落ち込んでいるときや、気が重いことがある日に、ララミーは「しゃしん」をくれることが多いような気がする。こっちの気分が「わかってる！」そんな気がする。

「ドラクエ」と「どうぶつの森」というこのふたつのゲームは、永久ルーティーンにするつもりだ。

このふたつをなるべく早く終わらせて、それとは別に**【長編ゲームを15分間ほど遊ぶ】**。人によっては非常にどうでもいいことかもしれないけど、自分にとっては死活問題とも言える悩みがこの方法により解決した。

それは「忙しくて時間がなくて、新しいゲームにまったく手をつけられない」という悩みだ。

もともとゲームをするというのは、わたしの人生最大の楽しみだった。でも仕事が忙しくなるにつれ、ゲームが生活から離れていってしまった。新しいゲームを買っても最初の

1ステージ止まり、最初の小ボス止まり、といったケースが多く、いわゆる「積ゲー」が増えるばかりで、最後までゲームを遊ぶことがなかなかできないでいた。

それを解消するためにはじめたのが、この「毎日15分間ゲームを進める」という習慣である。

どんな大作ゲームも時間をかければ必ずクリアできる。

「グランツーリスモ7」は1日1レースだけ進めて、3ヵ月ほどかけてクリアした。

「エルデンリング」というクリアまで100時間以上と言われる難関ゲームも7ヵ月ほどかけてクリアした。

「ゼルダの伝説　ティアーズ・オブ・キングダム」も8ヵ月かかったけど、ラスボスを倒してエンディングを見た。

1日にやる時間はものすごく短くても、続ければどんなことでも確実に進む。

そのことをゲームは教えてくれる。

RPGでいうなら、1日15分だとどこか目的地に行ったらその日は終了、レベルをひとつだけ上げたらその日は終了、くらいのじれったさだ。

それでも確実に進む。そしてじつは、その「なかなか進まないこと」がすごくいいことだと気がついた。

「ようやくダンジョンの入口に着いた！」となれば、明日はダンジョンに入ることがものすごく楽しみになる。小さな楽しみを翌日に持ち越すことができる。ささいなことだけど、これも明日が楽しみになる工夫の一つだと思っている。

1日15分プレイ。もしかしたら、これこそがゲームを本当に楽しむための、最高の方法なんじゃないかとすら最近では思えている。

SIXPADが終わったらゲーム終了の合図だ。

キリがよければラッキー。ときどきキリが悪すぎて30分ほど追加で遊んでしまったり、ごくまれに、どうしてもボスが倒せなくて悔しいとなって、ボスを倒すまで1時間くらい繰り返し遊んでしまう日もあるが、ま、そのときはそのとき。後悔はしない。**自分も責めない。**

ゲームが終わったら、**【4分間のHIITをやる】**。

HIITというのは、高強度インターバルトレーニング（High Intensity Interval Training）の略称で、短時間に負荷の高いトレーニングをして脂肪を燃焼する究極のトレーニングのこと。

4分間徹底的に、ハードに動いて身体の熱を上げる。

わたしがやっているのは、「体脂肪をがっつり燃やすＨＩＩＴ」というメニュー（『ＨＩＩＴ 体脂肪が落ちる最強トレーニング』岡田隆／サンマーク出版／２０１６年刊より）だ。

腕と身体をねじる「サイドランジプロペラ」、うつぶせになって身体を反り上げながら対角線上の手と足を振り上げる「ダイアゴナルリフト」、すりあげと呼ばれる腕立て伏せを激しくしたような運動をする「スイングプッシュアップ」、腹筋をしながら対角線上の手足を同時に動かす「Ｖシット＆オブリーク」この４つを20秒ずつ、間に10秒ずつ休憩を入れながら2回繰り返す。

この運動を紹介した本を編集者にもらったのが２０１６年。それから毎日この筋トレをやっている。

最初は拷問かってくらいキツくて、数日はすさまじい筋肉痛になったのだけど、ひと月も続けていくと少しずつ楽になっていった。**半年経ったころは嫌じゃなくなって、１年続けたら完全に生活の中に溶け込んだ。**

いまでは考え事をしながらＨＩＩＴをしていると、やっていたことを忘れてしまうくらいあっさり終わってしまっていることもある。間違えてもう1回やってしまうことも……。

いずれにしても、ＨＩＩＴが終わると確実に元気になっている。

少しダルいなという日でも、無理やりHIITをすれば、スッキリして「よしやるぞ！」っていうテンションになっている。

特別な器具がいらないのもいい。スマホでトレーニング動画を流しながらもできるし、なんなら音声だけ聴ければできる。スペースもたたみ1畳分くらいあればいい。やろうと思えば旅先でもできる。

HIITが終わったら、**【デジカメで写真を1枚撮る】**。

家に使わなくなったデジカメがあって、その活用のためにはじめた習慣だ。

そのデジカメではひとつの景色しか撮らない。

いつも同じ位置から、いつも同じ場所を撮る。

家の隣で新しい建物が建設中で、その工事の様子を毎日ベランダから撮影している。

同じアングルで撮れるように、液晶ファインダーに目印をつけ、位置を固定して撮っている。

だからこのデジカメに保存されているのは、全部同じ場所の写真だ。

特になにか意味があるわけじゃないけど、何年もかけてただ同じ場所を撮っていると、日々の変化はわからなくても、数年経つと景色がけっこう変わっているのがわかる。

時間をかけて世界の変化を感じるための習慣とも言えるし、でもそこまでの意味を考えてやっているわけでもない。ただ使ってないデジカメを有効活用しているだけとも言える。主人公が毎日同じ場所を毎日カメラで撮影するハーヴェイ・カイテル主演の『スモーク』という映画でも、確固たる目的があるわけではなく、日々の小さな変化を楽しむためのささやかな習慣としてそのことが描かれている。


撮影が終わったら**【歯磨き】**をする。

タイマー付き電動歯ブラシできっちり2分間磨く。

この歯磨きとセットでやっているのは、**【スマホゲームの「ウマ娘」】**だ。

毎日ログインして報酬をもらう。さらに報酬ゲットのためのレースをする。

キャラの育成も少しだけ進める。

歯磨きの2分の時間の有効活用。

歯磨きをしたら**【サプリを数種類飲む】**。歯磨きとセットで置いてあるので、サプリを飲むことも忘れない。

楽しい時間を一気に駆け抜ける

整えることを日常化するために

日替わりで違うところを掃除する

歯磨きのあとは、**【曜日ごとに毎日違う場所を掃除】**している。

月曜　風呂
火曜　台所
水曜　トイレ
木曜　洗面台
金曜　リビング
土曜　仕事部屋
日曜　トイレ

正確には月曜の風呂掃除はジョギング後シャワーを浴びながらやっているし、水・日曜のトイレは、歯磨き前後でトイレに行ったタイミングなので、ちょっと違うが、基本的に

は、「歯磨きのあとは掃除の時間」と決めている。

もともと掃除なんか大嫌いだったけど、習慣にしたら意識が変わった。

最初は1ヵ所だけ磨くことからはじめて、次第にやる範囲を広げていった。

1年くらいかけて「掃除の習慣」を定着させていった。

いまでは当たり前に掃除をするし、なんなら楽しんでできている。

嫌いだった掃除がいまでは「趣味」のひとつになっている。

続いている要因はひとつだと思う。

「毎日やっているから」。

基本的に掃除は毎日やる。曜日ごとに場所を変えて毎日小さく掃除している。

そして工夫を続けている。落ちない汚れをきれいにするための方法を考えたり、ふだんは目につかないけどじつは汚れが溜まる場所をどうやって定期的に掃除できるようになるか考えたり、工夫の余地がいつまでもあることが掃除のよさだと思っている。


掃除習慣を定着させるためにオススメなのは、**とにかくまずなにかひとつを「磨く」こと。**

わたしが最初にハマったのは、台所のおたまなどが入ったアルミ製の容器だ。

油などが飛んで外側がすごく汚れていた。これをきれいにしようと、週に1回キッチン用のウェットペーパーで少しずつ磨きはじめて、どうしても落ちない汚れと格闘していたが、最終的には激落ちくんを使って、3週間くらいかけてピカピカに磨き上げた。

ここで気がついたのは、「磨く」ことの気持ちよさだ。

磨いている間はひたすら無心になれる。余計なことを考えないで済むのだ。

ある意味で瞑想に近い。

仕事に行き詰まって気分が重くなったら、なにかを磨くというのがすごくいい。だからときどき仕事の合間に、スマホやテレビのリモコンを磨いたりしている。忙しいときほど、きちんと掃除する。これがすごくいい気分を運んできてくれる。

自宅で働いているわたしにとって、「曜日ごとの掃除」というのは、生活にメリハリをつける意味でも効果が高い。なにより家がきれいになることはすごく気持ちがいい。

掃除は一種のマインドフルネス

小さな練習を自動化するために
「5分のレッスン」を習慣にする

【1日5分、ダンスの練習】をする。

これは仕事に行き詰まったときに、特に意味も考えずにはじめた習慣だ。

マイケル・ジャクソンのダンスメドレー動画を見て、自分も踊ってみたくてはじめた。

1日5分間だけ振り付けを覚えて、365日後に動画で撮るという、そういう試みというか遊びだ。遊びだが、このダンスの習慣からもらったものは大きかった。

「仕事に大切なことは、すべてダンスが教えてくれた」そう思えるほど貴重な存在だ。

この習慣を開始したのは、47歳の誕生日。

漠然と未来に不安を抱えている時期で、この先、年を取ることに対する不安でなぜか押しつぶされそうになっていた。「年齢の限界」ばかり考えていた。

どうしよう……。とりあえず踊っとくか！ そのくらいの感じだった。

まず目標を「独学で覚えて1年後に動画に撮る」と定めてみた。

ダンスメドレー動画はトータル5分程度。

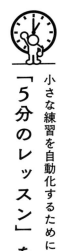

だから1日1秒覚えれば、300日で踊れるようになるはず。

そんな単純な発想からはじめた。

練習してわかったのは、「小さくても、続ければ、確実に前に進める」ということだ。

毎日練習を繰り返していたら、「とてもじゃないけど無理」と思っていたフリでも、10日後に少しだけできるようになっていたりする。

だから「年齢による限界？　そんなもの本当にあるのか？　自分でただ無理だって思ってるだけで、伸びしろはまだいくらでもあるんじゃないか」と思えてきた。ダンスは毎日の練習を日々淡々と続けるだけで、小さな成長をリアルに実感させてくれる。

スポーツもそうかもしれない。英会話も料理もイラストも楽器も。

わたしはダンスに救われた。

そして踊りはじめて4年経ったが、いまだに毎朝踊っている。

コツはいい加減でもいいから、最後までまずフリを覚えること。一度、最後までやりきることだ（この本の原稿でつまずいていたわたしにも「とりあえず最後まで書け！」という気づきをくれた）。

2年目はK-POPダンスに挑戦した

小さな練習でも1年続けると大きな変化がある

無理なく運動を続けるために
10日でフルマラソンの距離を走る

わたしの習慣の中でいちばん長く続いているのが**【ジョギング】**だ。

正確には数えてないけど25年以上は続いている。

と言っても最初のころは、走ったり、走らなかったりだった。

毎日走るようになったのは、走りはじめて7年くらい経ったころ。

どうして続くようになったかと言えばルーティーンの一部に「毎日走る」こととして組み込んだから。

雨が降っている、旅先で走れない、病気で動けない、どうしても走りたくない心境、そういったなにか特別な事情がない限りは、基本的に毎日走りに行くことにしている。

1日に走る距離はそんなに長くない。だいたい4・2キロだ。

たいしたことないかもしれないが、10日走ればフルマラソンの距離になる。

1ヵ月でフルマラソンを3回走った分の距離を走れる。

月に3回フルマラソンの距離を走るのは相当ハードルが高いけど、同じ距離を細かく刻

めば全然楽に走ることができる。

走るのは毎日同じコース、家から一度も信号につかまらない道を往復することにしている。

ジョギングにもセットにしていることがふたつある。

ひとつはスマホゲームの【「ドラクエウォーク」】。これはただスマホでゲームを起動して経験値を稼ぐだけ。

もうひとつは**【ラジオかポッドキャストを聴くこと】**。

ジョギングは「耳からの情報収集」の時間でもある。


ジョギングは、日曜日だけコースを変えている。

日曜日は週に一回、ジョギングのついでに神社にお参りに行く。

これはあるビジネス書を読んで影響されたことで、その本には週末に「お寺」に「仕事を納めに行く」とあったのだけど、家の近くに手ごろなお寺を見つけられなかったので、神社に行くことにした。

直線で行くとちょっと近すぎるので、少しだけ遠回りする。

神社まではけっこうきつい坂道だ。だから歩くときもある。

神社では1週間、無事に仕事が終わったことへの感謝をしている。

もう3年くらい続けているけど、これも案外よい気分転換になっている。

日曜日だけいつもと違うコースを走るという新鮮さもあると思うけど、週に一回、お礼と報告に行くという行為自体が単純に気持ちがいいし、よい振り返りになっていると思う。

おかげで旅先でも日曜日は神社を探すようになった。

ちなみに旅先ではジョギングではなく、早起きして散歩することにしている。

まだ街が起き出す前の5時ごろ、知らない街を歩く時間はとても静かで不思議な雰囲気があっていい。知らない街のさらに知らない側面を知れた感じがして得した気持ちにもなる。

旅先じゃなくても、夏場で外が異常に暑かったり、足に痛みが出ているときなども、無理して走らずにウォーキングに変える。そのあたりは臨機応変に考えているが、いずれにしても毎朝の有酸素運動は欠かさないようにしている。

有酸素運動は情報収集の時間として使う

インプットを絶やさないために

1日1冊、本を読む

ジョギングをしたらシャワーを浴び、軽く**【スキンケア】**。

化粧水とシミを取るらしいクリームを塗る。ぜんぜん効かないと思っていたクリームだったけど、3年毎日使ってみたら、少し目の横のシミが減った。こういうこともコツコツなんだなと思った。それから**【頭皮のケア】**。ヘアケアオイルを浸透させて、軽く頭皮のマッサージをしながら、**【舌を回す運動】**をする。どういう効果があるかはわからないが、これも3年くらい毎日やっている。

そのあと本を読む。

【1日1冊の本を読む】という習慣を2021年の2月から毎日続けている。

いまはジョギング、シャワー、読書という一連の流れだ。

さらっと書いたけど、定着させるまでには何年もかかった。

読書はそう簡単に「習慣」にできるものじゃない。

続いている理由があるとすればひとつ。

「毎日1冊読む」と決めたから。ハードルは高いが、だからこそ続いている。

「今日は無理そうだ。読むのをやめよう」という日を意地でも許さなかった。

それに尽きると思う。

最初の2年はキツかった。本気でキツかったがやり遂げた。3年続けたら比較的楽になり、4年目は気楽にできている。

3年目までの積み重ねがあるから、「読めなかったら、読めなくてもいいや」程度の気持ちでいても、ふつうに1日1冊読み続けている。

毎日読書はするけど、どうしても読めない日や、1日じゃ読み切れない日もある。だから何冊かはストックとして多めに読んでおいて、「毎日1冊、Xに読書メモの投稿をする」ことだけは絶やさないようにしている。

読み方のスタイルは、とにかく「ただ読む」だけ。

速読はしない。

本を読むことはわたしの最大の楽しみのひとつになっている。

1日1冊読んだ本のリスト

1年目　2年目　3年目

こんなことを言い出したら、まったく本を読んでこなかった昔の自分が驚いて、心臓発作を起こすかもしれない。そのくらい若いころは、特に高校生くらいまではまったくといっていいほど本を読んでこなかった。

いまは1日1冊、休まず4年近く、合計で1300冊以上読んでいる。これまでの人生の読書量を、わずか3年ほどで軽く超えたと思う。

読む本のジャンルは特に決めていない。

本屋で気になった本や、ネットで面白そうと思った本を片っ端から買って、ストックしている。

以前は「どうせ読まないし」と本をあまり買わなかったけど、いまは「いつか読むから買おう」と思えるのは、地味だけど大きな変化だ。

1年くらい積ん読している本もあるけど、買った本は確実に読む自信がある。

エッセイや小説はじっくり読む。時間がかかるから、余裕のある日に読む。

実用書は読み飛ばす箇所もある。だから読む時間があまりない日に読む。

ビジネス書は知っている内容は飛ばせるが、難しい内容だと案外時間がかかるので、読み終わりの時間を予想しにくいジャンルだ。哲学書や人文書も同様。1時間半くらいで読み終えるかなと思ったら、2時間以上かかることもある。

「読書の感想を投稿する」と決めているから、メモを取りながら、内容はしっかり読むようにしている。ときどき難しくてよくわからない本もあるけど、本のトピックを2つ3つ、人に話せるくらいには理解できるよう読み込んでいる。

読書メモは、できるだけ自分の言葉に翻訳して簡潔に書く。心に響いた一文はそのまま書きうつす。感じたことは、自分の意見だとわかるように印を付けて書く。

「わーこれわかる！」とか「これとは反対のこと考えているかな」というなんでもないような感想でも読み終わると忘れていたりするので、なにか心が動いたらなんでもメモしておくのはとても有益だと思っている。

「めちゃ共感した」くらいの何気ない感想こそが、1年くらい経ったときにその本の内容を思い出す大事なトリガーになったりする。

本に書いてあることで「これいいな」「マネしてみようかな」と思ったこともメモする。そしてできるだけすぐに実践するようにしている。なかなかそのままマネできそうもないものは、自分なりにその行動を「続けられそうなサイズ」にアレンジして実践する。

実際わたしが朝のルーティーンでやっていることは、本を読んで「いいな」と思ったことを自分なりにアレンジしたものが多い。

分厚くてとても1日では読みきれないような本は、**【読書の前に5分だけ「その本専用の時間」を作って読む】**ようにしている。小分けにして、少しずつ読む。長いものだと3ヵ月くらいかけて読む本もある。

残り100ページくらいにさしかかったら、「その日の1冊」として一気に読む。

こんなふうに細切れにして読む本には、その本専用のメモを作って、あらすじや感想をちょっとずつ残している。

永遠に読み終わりたくないような本に出合うこともある。そういう本を読んでいる間は、5分の読書時間が至福の時間になる。これも明日が楽しみになる仕組みの一つだ。

読み終わったら記録用に書影を撮影し、書名と著者名、出版社名を記録する。

読んだ本はその年の何冊目の本で、通算何冊目という数字を書き込み、リスト化している。記録を残すと読破した本が積み上がっていく様子が可視化されて、単純に嬉しい気持ちになる。こんなに読んだんだ……と数ヵ月でもびっくりする量になる。

読みながらメモを取る

1日完了の儀式として
朝ご飯を食べる

読書が終わったら、ルーティーン終了。
これで一日はおしまいです。
おつかれさまでした。

……じゃない！　ここからが1日のはじまり。

ルーティーンが終わったら朝ご飯の時間だ。
いままでのルーティーンは、朝ご飯を食べる前の行動なのだ。
ここから本当の1日がはじまる。

「朝飯前」という言葉がある。
辞書によると（出典：デジタル大辞泉／小学館／2024年12月1日閲覧）

［名・形動］
1 朝食をとる前。
2 朝食をとる前のわずかな時間でできるような、たやすいこと。また、そのさま。「それぐらいは——だ」

つまり、朝飯前にすべて終わらせてしまえば、「たやすいこと」になるのだ。
大変なことを、たやすいことにするコツとは、「朝飯前」にやることだ。

そんなの無理に決まってるだろう!? どう考えても朝飯前に終わるわけない。
そう! 無理だ。
でもそれを可能にする方法がある。ものすごく簡単なこと。
全部終わるまで、朝ご飯を食べなければいい。
ありがたい。
これですべてが「朝飯前」に片づくようになった。
順調に終われば12時すぎに朝ご飯が食べられる。

ときどき14時をすぎても朝ご飯を食べられない日もある。

でもね。

朝飯前に大事なこと、全部終わってるんだよ。

この充実感！

これを知ってしまったら、もうもとには戻れない。

なにせ、朝ご飯を食べたら、また新しい1日がはじまるのだから。


もちろん、こんなに習慣を詰め込むことができるのは、ひとえにわたしがひとりで自宅で働いているからだ、ということはわかっている。

それでも思う。

たとえどこかに勤めて働いていたとしても、創作物を少し作ったり、5分で終わるようなことを朝ご飯の前にいくつか片づけることくらいはできるんじゃないかと。


たっぷり時間をかけることはできなくたって、ずっとやってみたかったことや、好きだったけど忙しくなってできなくなったことに手をつけてみるのはどうだろう。

そのために5分程度の「小さな習慣」をいくつか作るのは、とても有効的だと思う。

たった5分間でも「なにかした」「なにかできた」と思って1日をはじめたら、いままでにない充実感を得られるはずだ。

5分の習慣を3つ4つルーティーンとして生活に取り入れる。

いつもより20分早起きして、世界が動きはじめる前にそれを済ませて朝ご飯を食べる。

それから新しい1日をはじめる。

たった20分と思うかもしれない。

しかしこれを毎日繰り返したら3日で1時間、1ヵ月で10時間、1年続ければ120時間くらいの自分だけの時間を手に入れることになる。

これこそが「時間のデザイン」の力だ。

午後はもう別の1日！

午後の時間を充実させるために
「新しい1日」として午後をデザインする

朝のルーティーンが終わったら、ここから新しい1日がはじまる。

朝飯を食べたあとの1日は、これまでとは「別の1日」になる。

言わば、1日パート2。

この「別の1日」はフレキシブルに考えていて、「曜日ごとのざっくりとしたルール」だけを決めている。

フリーランスの暮らしは、**不規則になりがちで、曜日感覚がわからなくなってくる**ので、メリハリをつけるために曜日ごとの役割を決めている。

おかげで、スケジュールを決めることがものすごく楽になった。

- **月曜日…原稿に集中する日（言語化する日）**

ｎｏｔｅに投稿する。これが1週間のはじまりの儀式。

「月曜日のｎｏｔｅ投稿」はもう4年以上、欠かしたことはない。

ｎｏｔｅはテーマをきちんと決めて、きちんと文章を書くための場だと考えている。日常のちょっとした気づきを深く掘り下げ、一つひとつ言葉にしていく作業は、非常に面倒だし難しいことだけど、何年も休まずに繰り返していくうちに、いま考えていること、思っていることをきちんと言語化する癖をつけることができた。

月曜日は編集者からの連絡が他の日より少なめだから、原稿をいつもよりしっかり書いたり、書きためていたメモを整理したりするなど、デザインから離れた仕事をすることが多い。

なにより月曜日は「母の介護の日」でもある。現在は施設で暮らしている母を定期的に病院に連れて行くのがこの日なので、通院の日はほぼ終日、母に付き添うことになる。なのでほとんど仕事ができない。その上、朝も早い。だからそんな日はいつもより少し早起きしてｎｏｔｅを6時ごろに投稿して、ルーティーンを爆速で終わらせて、朝から母を病院に連れて行き、一日付き添って、施設に送り届けて、仕事は夕方以降にスタートする。

・火曜日…新規の仕事の打ち合わせをする日

火曜日の午後は「打ち合わせの日」と決めている。もちろん例外はあるけれど、できるだけ火曜日を希望するようにしている。**いくつ仕事の依頼が重なっても、なるべく火曜日**

に集中させる。自分の中でこのルールを決めたことで、打ち合わせのスケジュールを考えることがすごく楽になった。

打ち合わせをまとめて終わらせて、新規の仕事の資料をまとめて整理すれば、夜は比較的フリーになるので映画館に行きやすい。よく行く映画館は火曜日がサービスデイなので、割引料金で見られるというメリットもある。

・水曜日…作業に集中する日

詳しくは後述するけど、打ち合わせをしたら翌日にいったんデザイン案を1つは必ず作ることに決めているので、打ち合わせの翌日の水曜日は仕事が大渋滞する。だから午前中は超集中でデザイン作業に専念。週の真ん中だから、午後の仕事も大渋滞するので基本的に一日中ずっと仕事をしている。

・木曜…外出の予定を入れる日

外出の予定はできるだけ木曜日に入れている。対面での打ち合わせ、会議の参加、人に会う予定。また車を出して遠出をしたり、写真を撮りに行ったり、写真展を見に行ったり、人と飲みに行ったりする。

・金曜…早めに仕事を終わらせる日

金曜日は早めに仕事をきりあげて映画館に行くことにしている。金曜日は公開される映画の初日だからだ。**いちはやく見たい映画は朝一でチケット予約をして、仕事が終わらなくても映画館に出かける。**週末の夜なので送られてくる仕事のメールの量は1週間でいちばん多いのだけど、全対応していたらいつまでも終わらないので、この日だけは翌日の土曜日に仕事を残していいことにしている。

・土曜日…音声配信の収録とやり残した作業をする日

土曜日の朝はけっこうやることがある。まずは「金曜日にやり残した仕事」を一気にやり終える。そのあと、毎週公開している音声配信ポッドキャスト「続けるラジオ」の収録をする。録ったらすぐに編集して公開日時の予約をする（日曜日に公開している）。それから翌週月曜の朝に投稿するｎｏｔｅのテーマを決める。タイトルと写真だけ決めて、書けそうなら数行だけ書き出しておく。そしてジョギングをしながら収録した自分のポッドキャストを聴き直し、さらにｎｏｔｅに書く内容をぼんやり考える。

午後はひたすら仕事。ここで1週間全体でやり残した作業や、突然頼まれた予定外の仕事などを一気に終わらせる。１週間でいちばん仕事量が多いのが土曜日だったりする。

・日曜日…朝一で全部終わらせて午前中に映画館と神社に行く日

日曜日の朝、最大のミッションはｎｏｔｅの「下書き」を書くことだ。投稿するのは月曜日だけど、前日の朝に一度、とにかく雑でもいいから、50点レベルの原稿を最後まで書き上げることにしている。

日曜の朝にとりあえず50点レベルのものを書き、月曜日にそれを書き直して１００点をめざす。実際は30点のものが60点くらいに改善されている程度だと思うけど、いずれにしても、二度に分けて書くことで格段に負担が軽くなるし、精度も上がる。

日曜の朝はさらにやることが多い。

どうしても見たい映画が早朝にしかやってない場合、日曜の朝に見に行くことにしている。そんな時間に誰が見るの？　って思うような時間にしか上映してない映画がある。そして、**そういう作品の中にこそ見たい映画が多いから仕方がない**。なので日曜の朝は「8時か9時台にしかやっていないような映画を見に行く」と決めた。

だからそれまでに「朝のルーティーン」を全部終わらせる。意地でも終わらせる。どれだけ朝早く出かけるにしても、とにかくルーティーンだけはやる。

映画のチケットを朝一で買ってしまっているので、その時間に映画館に行けるように全集中して、爆速ですべてを終わらせる。**映画の開始時間に遅れてはいけないし、遅れたこともない。**

映画を見終わっても、まだ朝の10時台。映画を見たら神社にウォーキング。そして読書をしてもまだお昼ごろ。

このあとの日曜日の午後は、完全に好きなことができる、完全なフリータイムとなる。なんというお得感というか充実感というか、昼からは散歩ついでにランチして美術展に行くとか、もう1~2本映画を見るとか、ぶらぶら買い物をするとか、家でゲームをしながらだらだらとドラマを見るとか、人生の素晴らしさをひたすら満喫する。

以前は日曜日くらいは完全なオフにする！　って決めていた。

けれどいまは「タイムリミットを設定して朝の早い時間に全部終わらせる」というルールにして、「なにもせずにゆっくり休もう」という意識を捨てた。

おかげでかなり慌ただしくはなったけど、へたに休みを意識しなくなってからの方が、意外にゆったりした時間を手に入れられているような気がする。

午後は曜日ごとに役割を決める

午後の時間を充実させるために
来た球をひたすら打ち返す

平日の午後はテトリスだ。

ひたすら降ってくるブロックを消していく。

つまり終わりなき仕事の「作業」に向き合う時間。

まず午前中のうちに届いた色校（印刷した試し刷り）があれば、確認して編集者にメールを送る。

それから午前中の終わりごろからはじまるメールのラッシュに向き合う。

デザインの修正依頼や、追加の依頼、進行の報告メールなどに対応していく。

忙しいときのこの時間帯は猛烈だ。

体感だと秒単位でメールが来る。来たら返す、来たら返す、をひたすら反復する。そんな特訓を繰り返すうちに、いまではかなり大量のメールが来ても対応できるようになった。

基本的には「来たボールを即打ち返す」しかないのだが、ふつうに対応していたらとてもさばききれない。

これをどうさばくかは、ある程度ルールがあるので次章で解説する。

単純に時間がかかる作業は、基本的に午後に持ってくる。

たとえば入稿作業や、中面の細かいページをデザインする作業、単純な文字修正、本のフロントカバー以外の部分を作るような、「発想」よりも「作業」の比重が多いような仕事である。

「0を1にする」「1を10にする」ような創造力を働かせる仕事は午前中、創造したものを完成した形に仕上げていくような作業は午後に回すイメージだ。

また相手が海外にいるなど、どうしても午前中でなければダメな場合をのぞいて会議や打ち合わせもなるべく午後にまとめさせてもらっている。これはリアルでもオンラインでも変わらない。

午後の過ごし方はその日の作業量によって決める。超集中で作業に没頭し続けないと終わらないようであれば、余計なことは考えずに終わるまでひたすら作業に没頭する。

創作は午前、作業は午後

午後の時間を充実させるために
「終了時間を決める」を習慣化する

午後、少し余裕がありそう。夕方には仕事を終われる予感がする。

そう思ったら、まず映画のチケットを予約してしまう。

とにかく映画だ。わたしは映画なしに生きていけない。年間２００本以上は映画館で映画を見ている。２０２３年は２４０本だった。

住む家の条件は「近所に映画館があること」ただそれだけ。

1日の計画は映画を中心に回っているし、午後の時間はだいたい映画探しから（朝から探す日もあるけど）はじまる。

作業量的に夜には仕事が終わるなと思ったら、19時の回とか、そのころやっている映画の座席をオンライン予約する。すると最近では自動的にカレンダーに上映時刻の予定が書き込まれるので、その時間をデッドラインと考えて作業を進めていく。

どうしても見たい、17時の回しかない、けど、ちょっと仕事が終わらないかも……というときでも、やっぱり座席を予約してしまう。無理すれば終わるくらいなら無理をする。そういうときに限ってイレギュラーな仕事が舞い込んできたりするけれど、お尻を決めてしまうと超集中モードにブーストがかかるので、意外ととんでもないハイスピードで仕事を終えられたりする。

このメールを20秒で書いて……この修正を2分で終わらせて……この本の入稿を15分で終わらせて……と、脳がフルスロットルで計算をはじめる。アドレナリンが全開になる。この間に合うか間に合わないかギリギリの攻防は、スパイ映画のタイムリミット・サスペンスばりに緊張感があり、脳内がイーサン・ハント（映画『ミッション・インポッシブル』の主人公。演じているのはトム・クルーズ）状態になる。

こうして映画の開演時刻にぎりぎり間に合ったあとは、映画が通常の1・5倍は楽しく感じられるくらいテンションが爆アガる。

予約によって終了時間を決める。

わたしの場合は映画だけど、別に映画じゃなくてもいいと思う。

食べに行くお店の予約でも、髪を切りに行く予約でも、なんでもいいと思う。

ただ映画の場合はその日に予約しやすく、万が一行けなくなっても誰にも迷惑がかからないのがいい。

これは仕事をはじめると同時に、何時までに終わらせるという決意を固めるための装置のようなものだ。

予約までしてしまえば、何時までに終わらせるという「決意」に対して、すごい強制力が働く。

そしてどんなに忙しくても予約した映画が始まる時間までには仕事が終わるから、人間って不思議だ。

お尻を決めるとブーストがかかる

午後の時間を充実させるために

雑務はすべて習慣で解決する

雑務は習慣にする。

膨大にある作業はすべて「習慣」にしてしまう。

たとえば「請求書を書く」という作業。こんなことはデザインに集中したいなら手放してもいい、誰かに頼んでもいいことだ。でもこれを自分でやる。

そこにはしっかり意味が宿っている。

わたしは「請求書」を仕事完了の儀式として考えている。

ひとつの仕事が終わったら、請求書を書き、そして感謝の言葉と一緒に送付する。

この儀式によって、「ひとつの仕事の完了」となる。

忙しかったら、その時間はたしかにもったいないかもしれない。

ただこれを「習慣」と考えれば、大した力を使わずにできる。

わたしの場合、ひとつの仕事が終わると、宅配便で完成した本の見本が送られてくる。

そしてどんなに忙しいときでも見本が届いたら必ず10分程度の時間を作る。

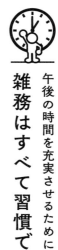

その見本を受け取ったら、すぐにお礼のメールを書き、同時に請求書を発送するためだ。

この2つをセットにしている。

さらに自分のホームページに公開している「デザインした本のリスト」に新しい書名を加え、手元にある作業リストにも「仕事完了」のチェックを入れる。

見本が届いたら、これらをすべて同時に終わらせるという「習慣」として考えている。


なにか別の作業をしている最中に届いてもそうだ。その作業が終わると同時にお礼と請求書を送る時間を作る。

たしかにちょっと面倒くさい。

ただ、そのちょっとした面倒くさいを乗り越えるだけ。

集中してやれば10分ほどで終わることだ。

なのに、この雑務を溜めてしまうとあとで大変なことになる。

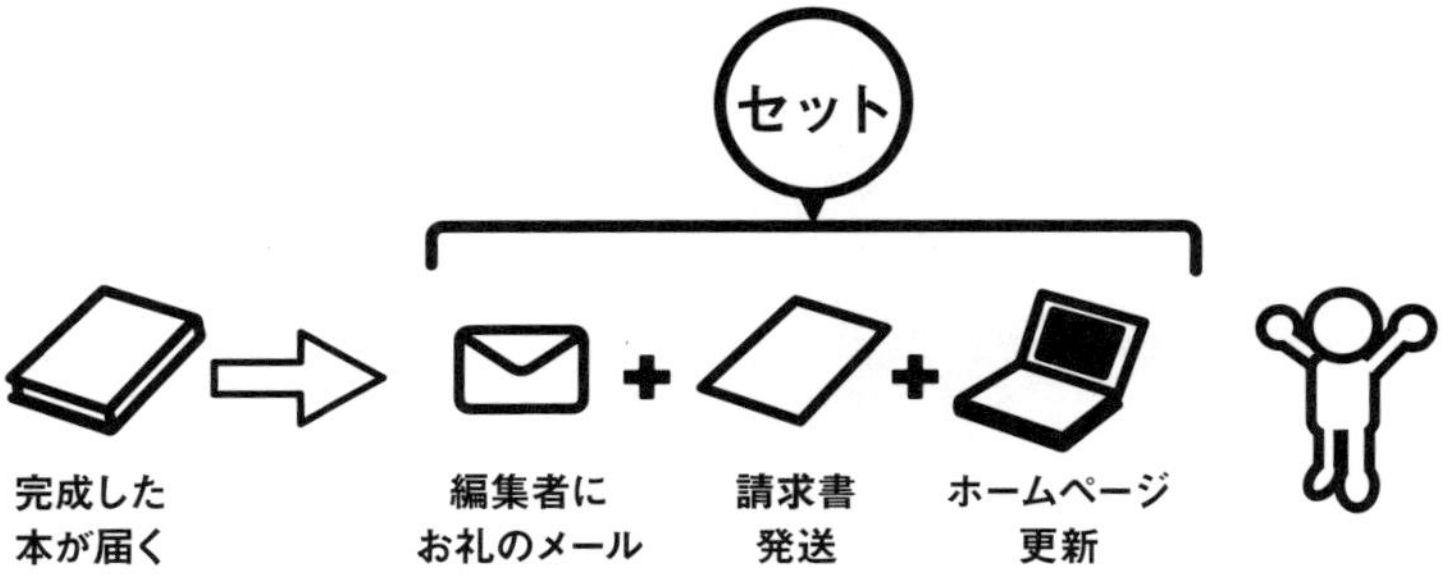

たとえばホームページに公開している仕事の作品リストは以前、月に1度まとめて時間を作ってやっていた。

でもそうすると本当にある程度「まとまった時間」が必要になる。忙しいときにそんな時間を作るのはほぼ不可能だから、「時間ができたらやろう」とつい先送りすることになる。ひと月分溜まり、ふた月分溜まり、3ヵ月分溜まったら……50冊くらいになっている。50冊分のリストを一気に追加するなんて、考えただけでも気が変になる。

数分で終わる小さな作業こそ溜めてはいけない。

溜めたらとんでもなくやっかいな作業の山に変貌する。

面倒を回避するためには、考えなくても自動的にできる「仕組み」を作ることだ。

生活の中で生じるありとあらゆる小さな作業は、このタイミングで終わらせるという「ルール」を決めて、**確実につぶしていった方がいい**。

いつ、どのタイミングで、なにと一緒にやれば無理なく終わるのか。

やるべきことが増えたら、まず小さな「仕組み」を考える。

雑務はセットで一気に終わらせる

午後の時間を充実させるために
忘れない仕掛けを作る

ついうっかりやるのを忘れちゃう。

わたしにもそういうことがある。特にはじめたばかりの習慣は、なかなか定着しにくい。

ある程度回数を重ねていくと、気がつくとやってるくらい当たり前の事になっていくけど、そうなるまでは**自分なりに「忘れない」仕掛けを考えて、必ず実行する**ようにしないといけない。

「こうすれば確実に忘れない」という方法があればいいんだろうけど、そんなものは存在しない。その都度、自分で考えないといけない。

たとえば今年わたしがはじめた朝の習慣のひとつ「下半身のストレッチ」。

これを定着させるためにやった仕掛けは、「メモに書く」だった。

朝のルーティーンの中で、「体温を測る」のあとにストレッチをすることにしたので、体温を測って記録するスマホのメモに、必ず毎日「腰ストレッチ」と書くことにした。

「22日　36・3度　4時20分（測った時刻）」の記録のあとに「腰ストレッチ」と書く。

必ず書く。

翌日も体温を測ったら自動的にそのメモを見るので、体温を測ったら「ストレッチするんだな」と思い出せる。

こうやって忘れないような仕掛けを自分で考える。


週に一度やる「お風呂の掃除」も忘れがちだった。

通常は「歯磨き後」に掃除と決めているんだけど、お風呂の掃除はジョギングして「シャワーを浴びたあと」にしていたから、つい忘れてしまっていた。シャワーを浴びる前までは「今日は月曜だから風呂の掃除だ」と覚えている。それなのにシャワーを浴び終えるといつものクセで、そのまま出てタオルで身体を拭いて服を着てしまう。

工夫したのが、シャワーに入る前の行動だ。

お風呂の掃除は仕上げとして、髪の毛を流さないための排水口に付けているアミを交換する。

そこで月曜日の歯磨きのあとに、排水口用のアミを準備することにした。

交換用のアミを取り出して、シャワーを浴びるときに確実に見える場所に置いておく。

歯磨きのあと、ジョギングに行って、帰ってきて、シャワーを浴びると、いやでも排水口のアミが目に入るようになる。

それで「今日は風呂の掃除だ」と思い出す。


どうしたら忘れずに行動できるか。

仕組みを考えて、先の自分をコントロールする。

「どうやったら忘れないか」を踏まえて仕掛けを考えるのは、習慣作りの楽しさだったりする。ピタゴラスイッチ的楽しみがそこにある。

シャワーのあと目につくところに
交換用のアミを置いておく

仕掛けを考えると小さな習慣が楽しくなっていく

午後の時間を充実させるために

ついでの用事を見つける

午後に出かける用事があるときは、その日までに**「ついでの用事」を探す**ようにしている。

たとえば毎月定例の出版社の企画会議に参加する日は、都内でやっている写真展を探すことにしている。

以前から「ちゃんと写真について考えてみたい」と思っていて、まずは「言語化」からはじめてみようと思い立ち「月に一度、写真展に行って、ブログに感想を書く」という習慣を作った。

こういう月に一度の習慣は、「毎月の決まった用事」とセットにする。

月に一度、出版社の企画会議に参加するために東京に出かけ、会議が終わったら写真展に向かう。

写真展の写真を鑑賞しながら、なにをとらえた写真なのか、思ったこと、感じたこと、そこに写ってるものを言語化してひたすらメモする。そして翌日にメモを見返し、ブログに書く。

また、打ち合わせなどの用事で知らない駅で下車するときは、その近所に「見慣れないローカルな立ち食いそばの店」はないかを下調べする。

これは毎月1回書いている出版社のブログのため。なにかテーマを決めた方が書きやすいと思ったので、毎回、知らない立ち食いそば屋を紹介するというイベントにしてみた。

打ち合わせには一人で行くことが多いし、それほど時間がないことも多いので、立ち食いそば屋でサクッとお昼を済ませられるのは便利でいい。漠然と「なにか美味しそうなお店を探す」のではなく、「立ち食いそば屋」に絞ったら格段に探しやすくなるし、またなにより大してお金もかけずに楽しめる。

こうやって出かけるときは、いくつか楽しそうな「ついでの用事」をセットにする。

用事があって出かけるなんて「面倒くさい」を、「楽しみ」に変えるための仕組みだ。

もうひとつの楽しみを用意する

午後の時間を充実させるために

無意味なことに名前を付ける

こんなふうにいろいろ詰め込んだ一日のことを書いていると、せっかちに動き回って、バタバタして、慌ただしいだけに思えるかもしれない。

うん、実際、そうかもしれない！

いつも時間ギリギリで動いていて、映画館に行くのも、直前まで仕事していて、猛ダッシュで走って映画館に向かっていって、いつも予告編が終わるころ、ギリギリセーフで滑り込んで映画を見ている。ゆとりのある優雅な生活にはほど遠い……。

ただ、ずっとそんなふうに動き回っているかというと、そうでもなくて、けっこうだらだらしていたり、ぼーっとしているときもある。

そういう時間はそういう時間で、まったく無駄だと思っていない。

むしろ有意義な時間だと思っている。

毎朝のルーティーンには、だらだらSNSやネットニュースを見ている時間がある。

やってることは本当にだらだらただスマホを見ているだけ。

『時間のデザイン』読者アンケート

本書をお買上げいただき、まことにありがとうございます。
読者サービスならびに出版活動の改善に役立てたいと考えておりますので
ぜひアンケートにご協力をお願い申し上げます。

■本書はいかがでしたか？　該当するものに○をつけてください。

最悪	悪い	普通	良い	最高
★	★★	★★★	★★★★	★★★★★

■本書を読んだ感想をお書きください。

※お寄せいただいた評価・感想の全部、または一部を（お名前を伏せた上で）弊社HP、広告、販促ポスターなどで使用させていただく場合がございます。あらかじめご了承ください。

▼ こちらからも本書の感想を投稿できます。 ▶

https://www.sanctuarybooks.jp/review/

弊社HPにレビューを掲載させていただいた方全員にAmazonギフト券（1000円分）をさしあげます。

切手を
お貼り下さい

113-0023

東京都文京区向丘2-14-9

サンクチュアリ出版

『時間のデザイン』
読者アンケート係

ご住所　〒□□□-□□□□	
TEL※	
メールアドレス※	
お名前	男・女（　　歳）
ご職業 1 会社員　2 専業主婦　3 パート・アルバイト　4 自営業　5 会社経営　6 学生　7 その他	
ご記入いただいたメールアドレスには弊社より新刊のお知らせやイベント情報などを送らせていただきます。 希望されない方は、こちらにチェックマークを入れてください。	メルマガ不要 □

ご記入いただいた個人情報は、読者プレゼントの発送およびメルマガ配信のみに使用し、
その目的以外に使用することはありません。

※プレゼント発送の際に必要になりますので、必ず電話番号およびメールアドレス、
両方の記載をお願いします。

弊社HPにレビューを掲載させていただいた方全員にAmazonギフト券（1000円分）をさしあげます。

でも**「企画を考える時間」という名前を付けている。**それだけでただのだらだらに意味が生まれる。

なにも考えずに「ぼーっとする時間」も欲しい。その時間には「瞑想」と名前を付けている。スマホゲームをするのも「集中力を高める準備運動」だと思っている。

ときどきTikTokでショート動画を見続けるような時間にも「なぜ見続けてしまうのかの研究」と名前を付けると、有意義な時間に感じられる。

無意味なことやってるなと思ったら、その時間に名前を付けてみると意識が変わってくる。無意味はとたんに有意義に変わる。

ただ有意義なことはある程度の区切りを付けた方がいい。わたしも朝の間ずっとSNSを見ながら「企画を考える」ことをして過ごしたいけど、そんな有意義な時間ばかり過ごしてしまうと、一日が本当に有意義だけで終わってしまうので、できるだけ早く切り上げている。**そのための秘訣は「次にやること」を決めておく**ことだ。

SNSを見ながらだらだらと「企画」を考えたら、次は「ぼーっ」とする5分の瞑想時間に入る。こうやって、無駄な時間を有意義なものとしてデザインしていく。

だらだらしてるんじゃない！　企画を考えているんだ！

イレギュラーな日に対応するために
時短モードを設定しておく

どうしてもふつうに朝のルーティーンが実行できない日もある。

朝早くから用事があって出かけなくてはいけないとか、出張や旅行に出かけていて道具や、やる場所がない場合。

こういう日は**「やれるだけのことをする」**ことにしている。


まず午前中にどうしても外せない用事がある場合。

こういうときの基本は「早起きする」だ。

いつもより1時間早起きすればどうにかなるなら、早起きしてその分スタートを早める。

その上でできる限りのことをやる。

空の写真を撮る、読書のメモを投稿する、ブログを書く、週一のｎｏｔｅを投稿するなど、**途絶えさせると穴が空いて気持ちが悪くなるものは、きっちりやる。**どんな状況でもやれる限りは続けるようにしている。

1日1つ短歌を作る習慣などは、どこにいてもできるので、朝できなければ、日付と適当な言葉を並べておいて、きちんと書くのは他の時間に回す。

ゲームは一応やる。「どうぶつの森」と「ドラクエX」だけは必ずやる。新作ゲームは起動だけする。

筋トレだったり、ジョギングだったり、そういうものは終了時間に合わせて時短する。筋トレは半分のサイズで終わりにしたり、ダンスは全部通しで踊らずに気になってる箇所だけちょっと踊って終わりとか、ジョギングは玄関から出て「走ったフリ」だけして終わりにする。読書は移動の電車の中でする。

できるだけのことはするけどやれないことはしかたない。「時短モード」で早く切り上げる。でも、「やらない」という選択肢はできるだけ使わない。

なぜここまで徹底するかというと、自分がサボる人間だと知っているから。

1日でも途絶えると、復帰が難しくなる。

だからとにかく毎日やる。

いつも思っているのは、「今日まではやる」だ。

今日は休みたいなと思ったら、明日やめてもいいけど、今日は最後にやっておく日と思ってなんとか乗りきる。

休むのはいつだって「明日」なのだ。

とにかく半分の量でも、やったフリでもなんでもいいから、手をつける。

旅行や出張先では、物理的にできないことが多い。ただできるだけのことはする。朝の空をスマホで撮るのはどこでもできるので必ずやる。気温当てもする。体温計は持っていって測る。ストレッチはする。ブログと読書メモの投稿もする。スマホゲームはやる。Switchを持っていくので「どうぶつの森」と「ドラクエX」はやる。短歌は書く。スマホに日記も書く。手書きの日記はコピー用紙に書いてあとで日記帳に貼る。筋トレはお休み。ダンスは動画を見るだけ（場所があれば踊る）。本は移動中やお風呂の時間やスキマ時間を使って読む。ジョギングの代わりに早朝散歩に行く……けっこう旅先でもやってることが多いな、と書いていて気がついた。

そこまでストイックに考えてはいないのだけど、やれることは、やれるだけやっておく方が圧倒的に楽。これが実感。

臨機応変にやれることだけやるでいい

もしもに備えるために

「体調を崩した日用」のルーティーンを用意する

ときどき体調を崩す。これが難題だ。

ひとりで働いているわたしにとっての最大の難関と言ってもいい。

なんか体調が悪いなーって思ったら、みるみる体温が上がって、えー39度～?!　オワタ……。

「今日は体調が悪いので」と言っても仕事は休ませてくれないし、締め切りは次々と容赦なく襲ってくる。

そもそも、仕事を先送りして溜め込んでしまったら、そのあと対応しきれる自信がない。

まじで休んでる場合じゃない。

というわけで、やれることはやる！　でも無理はしない！

溜められない仕事だけはやって、あとは寝る。

体調不良のことはメールでは触れずに通常通りに仕事をする。

こちらの体調を言い訳にすることはやめた。

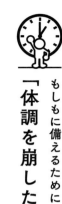

代わってくれる人もいないので、結局、やることはやらなきゃいけないし、締め切りを何日か延ばしてもらったところであとが大変になるだけなので、なにも言わずにやれることはやっちゃった方が早い。

でも余計なことはしない。それに徹するしかない。とにかく早く終わらせて寝る。
体調を崩したときは、マルチタスクができない。
だからいつも仕事中につけているテレビもつけず、サイレントモードで仕事する。

仕事以外のルーティーンについては、「体調が悪いときバージョン」でこなす。
筋トレ、ジョギング、ダンスといった、身体を使うものは治るまでお休み。
読書、短歌、マンガを読む、ゲームするといった、できそうなものだけを継続する。
体調が悪いときに短歌なんて考えてどうすんの？　って自分でも思う。
でも、きっとこういうときにしか詠めない短歌もある気がする。

先日、熱を出した日の短歌。
――高熱のベッドで読んだ「人類史」そのまま夢にネアンデルタール

実際、熱が出ているときに本を読むと、内容が頭の中をぐるぐる駆け回る不思議な感覚になる。夢なのか思考なのかよくわからない感じでずっと本の内容を考えたりして、そのまま寝てしまって、本の内容がそのまま夢に出てきたりして。ネアンデルタール人が草原を移動していたり、なんかそのイメージがずっと頭の中に残る。

そんなときだけの特別な体験を思い出すためにも、短歌を詠むことに意味があるかもしれない。


横になってるついでにずっと見てなかった映画でも見ようと一本見てみた。

『Love Letter』

岩井俊二監督、中山美穂主演。１９９５年の映画。

じつは見たことがなかった。映画好きなら見てて当たり前の一本なのはわかってるけど当時劇場で見損なってしまって、それからいつか見ようと思って見ないままになっていた。

少し前に見た台湾を舞台にした青春映画でこの映画をデートで見に行くシーンがあって、それでこの映画の存在を思い出したのだ。

いや、すんごくよかった。見てよかった。単純に。

このタイミングで見ていなかったら、見ないままの世界線を生きていたかもしれない。

これ以降、興味はあったはずなのに見逃している映画を思いつくたびにメモすることにした。

そして**「体調を崩したら見逃していた映画を見る」という新しい習慣を作ってみた。**

次に体調を崩したら「これを見よう」という作品は決めた。

体調を崩したとき用の新しい楽しみだ。

そんな余計なことをしていないでとにかくベッドで眠る、っていうのが正解なんだろうけど、予定していたことが全部キャンセルになって、映画館にももちろん行けないし、なにかちょっとくらい楽しみも作らないとね。

体調が悪い日の楽しみを作っておく

「飽きる」を回避するために
制約を作ってハードルを少し上げる

人は飽きやすい生き物なのだそうだ。

つまりはわたしももれなく飽きやすい性質であるということだ。

ただ、わたしの場合あまり「飽きる」がよくわからない。

いや、飽きることはあるはずなんだけど、大抵のことを飽きずにやっている。


数年前にスマホゲームの「ウマ娘」を知人に大プッシュされた。ウマは全然わからないし興味もなかったんだけど、すすめられたのではじめてみた。数年経ってその知人にウマ娘の話をしたら「え？　まだやってるんですか⁉」と言われた。もうとっくに飽きてやめたんだそうだ。あんなに課金してガチャを回しまくっていたのに。

わたしは特に熱中しているわけじゃないけど、１日数分だけずっと遊んでいる。

無課金で遊んでいるけど、コツコツ時間をかけるとそれなりのウマが育つ。

レースに勝つと１日１個だけもらえるアイテムがあって、それを何百個か集めたらウマを進化させられるので、コツコツ半年くらいかけて少しずつ集めて、ウマを進化させる。

半年の苦労が報われた瞬間はけっこう嬉しい。

なので気長に飽きずに、なんとなく続いている。

続いてるのは「やりたい」かどうか関係なく、自動的にやる仕組みとして歯磨きをしながらやっているからなんだけど、わたしの場合、それだけじゃなくいろんなことのやり方を「飽きないように工夫しながらやってる」と気がついた。

どうやらわたしはほぼ無意識で、飽きないための工夫をしているようだ。


まず、なんでも小さくやっている。

「飽きるほどやらない」ということだ。

飽きる前に切り上げる。

「ハマってやりまくる」と飽きがくるのが早い。

ちょっとだけやる。

これは飽きないようにするための工夫の第一歩。

それから効率的にやって、すぐうまくならないようにするというのも飽きないためだ。

すぐうまくなると、すぐに飽きてしまう。

だから攻略法は見ない。自分でやり方を考えながらのんびりやる。

そしてそれをやることがなんの役に立つかもあまり考えていない。

そもそもゲームは「なにかの役に立つ」と思ってはじめるものではないと思うけど、ゲーム以外のもの、たとえば文章を書いたりすることだったり、なにかの練習をすることも「なんのためにやってるのか」を考えすぎると、目的がかすんできたらやる気を失ってしまうし、なにより成長の実感がわかない時間が長くなると、成長が見込めない状態にいつのまにか飽きてしまう。

淡々と「なんの役に立つか考えない」で続けるのは、飽きを感じないで済むいい方法だと思っている。


そしていちばん大事なのが「ルール」作りだ。

「制約」を設定して、それをクリアするための「ルール」を作ること。

ひと言で言うと、**マンネリ化しないために「ゲーム化」する**ことだ。

これがいろいろなことを「飽き」から救う手段だと思っている。

わたしの場合、自然と「飽き」がくる前に「ルール」を変えている。

こういう学びは「ゲーム」が教えてくれる。


「クッキングシティ」というスマホゲーム。

お客のオーダーに合わせて料理を作って、配るという反射ゲーム。

もう2年はやっている。

飽きないでやっているのには理由がある。

まず大きな「制約」を作っている。

それは**無課金でやる**ということ。課金してしまうとただ楽なゲームになる。

「制約」を作ることでゲームの難易度が上がってやり方を考えるようになる。

最初のうちは簡単にクリアできるゲームもステージが進んで難易度が上がっていくうちに、失敗してもそこから続けて遊ぶためのコンティニューが必要になる。

コンティニューには宝石が必要で、それをゲットするには課金が必要になる。

つまりクリアするなら課金をすれば手っ取り早い。

でも課金しないでクリアする方法がある。毎日ログインしてちょっとだけ手に入る宝石をコツコツ貯めるのだ。30秒ほどの「広告」を見るとほんの少し宝石が手に入る。1日に数回広告を見ることができ、1週間ログインして毎日広告を見れば、1回コンティニューできるくらいの宝石が貯まる。

それをもらい続けるためにルールを作る。

毎日のルールは「1日1ステージクリア」すること。

簡単なステージをぽんぽんクリアしていると、すぐに難しいステージにいってしまう。なので簡単なステージを1日1つだけ進めながら、毎日広告を見て「コンティニュー」に必要な宝石を集める。

「1日3つ以上は広告を見て宝石を貯める」こともルール化する。

簡単なステージのうちに宝石を貯めて、難易度が高くなったステージで惜しみなく使う。

1週間貯めて1回のコンティニュー。**ときどき無駄に使ってしまって、1週間の苦労が泡と消える。**このヒリヒリした感じがたまらない。

最初からこうやって遊んでたわけじゃなくて、難易度が上がるにつれて、「ルール」を変えて、遊び方を考えながらやっている。そうやって対応する。

「ゲーム」をさらに「ゲーム化」して、飽きないように、そして諦めないように続けている。

逆に難易度が下がってきたら、制約とルールを厳しくしてやり方を変えていく。

負荷をかけてマンネリを防ぐ。

たとえば、毎日書いている「はてなブログ」。

大きな制約は、「毎日書くこと」。

はじめは数行でいい、とにかく毎日ただ続けようと思ってはじめた。

けどやってるうちにそれに慣れてきた。そこでときどき映画の感想を書くことにした。

「映画を見たらタイトルとひと言だけ感想を書く」というルールを追加する。

それに慣れてきたら少しずつ難易度を上げるための「ルール」を追加していく。

「映画館で見た映画はすべて感想を書く」「必ず褒めるところを探す」「予告編のリンクを貼るようにする」など。

数行書くことに慣れてきたら、「400文字以上は書く」「ブログを書いたら別にXのポスト用に短い感想を書く」など、8年以上続けながら、マンネリ化させないために、ゲームの難易度を上げるようにルールを追加している。ちょっとずつハードルを上げている。

飽きない……というか、年々キツくなってる。

慣れてきたなと思ったら負荷をかける。

おそらくこれが長く飽きずに続けていく秘訣だと思う。

「制約」を作って、自分でそれを達成するための「ルール」を考える。
そしてやりながらルールを変えていく。

「制約を考える」
「やってみる」
「分解する」
「ゴールを設定する」
「それをルール化する」
「慣れてきたらルールを変える」

簡単にまとめるとこんなことだと思う。

そもそも、飽きる、飽きないを考えないように、すべてルーティーン化してしまっているというのもあるけど、「飽き」がきそうな事に対しては、自分なりにしっかり対抗策を考えている。

制約とルールでゲーム化させる

自分の心を維持するために

自分を甘やかすルールを守る

「習慣」とはルールを決めること。そのルールは厳しいものである必要はない。
むしろその真逆のルールをしっかり決めておくことがときとして大切になってくる。
すごく忙しいときにすごく大事なのが、「自分を甘やかす」ルールだ。
どんなに忙しくても「1日1話、マンガを読む」。
なぜならそれがルールだから。
忙しくても「マンガ、読んでいいよ」という「甘やかし」のルール。
このルールをふだんからしっかり守る。そしてどんなに忙しいときもそれを曲げない。
マンガなんか読んでる暇がなくても、絶対に読む。
無理やりにでも実行すると5分間、仕事から意識を切り離すことができる。
すると混乱する頭がクールダウンされる。

わたしの守っているルールに、「金曜日の夜は仕事が途中でも、その日公開された映画

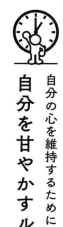

で見たい作品を見に行っていい」というものがある。

しかも見終わったあとは、「お酒を飲んでもいい」「もう仕事しなくていい」もセットにしている。めちゃくちゃ自分を甘やかすルールだ。

このルールをふだんからきちんと守る。ふだんから「当たり前」のこととしておくことで、パニックになりそうなほど忙しいときでも、例外なくこのルールを守れるようになる。

「この忙しいのに、いいのこんなことして!?」と思うけど、「だってルールだから」と半ば強制的に実行する。

こうやって強制的に仕事から完全に離れる時間を作ってやらないと、いつの間にか精神が壊れる。以前、何度も本当にそれで壊れたことがあるからよくわかる。

放っておくと身体にじんましんが出てきたり、身体まで壊れていく。

だから、**忙しいときほど強制的に仕事から離れるための習慣、つまり「甘やかすルール」が大事**になってくる。

「習慣」を大事にする最大効果って、じつはこうやって「仕事から離れる」ためにあるんじゃないかと思っている。

忙しいときこそ、しっかり自分を甘やかす

フィードバックするために

定期的に見直す習慣を作る

当然だが新しい習慣をはじめると、どんどんやることが増えていく。

なので定期的に見直すことも習慣にしている。

3ヵ月に一回、3月、6月、9月、12月の最後の日曜日に、3ヵ月間の行動を振り返る。

ただ単に「習慣を見直す」と決めても、やりにくい気がしたので、わたしは「習慣の見直し」と同じ日に「大掃除」をセットでやることにした。

大掃除といっても大したことをするわけじゃない。

本が増えて散らかってきた本棚を片づける。ふだんは掃除しないトイレと洗面所の通気口のフィルターをきれいにする。トイレの便座の部品を外してパーツを磨く。そんなふうに、ときどききれいにしておくと年末の大掃除が楽になりそうなところを掃除しておく。

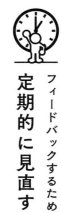

最近では「習慣の見直し」を音声配信でまずしゃべることにした。

3ヵ月前に立てた目標のメモを見ながら達成できたことや、反省すべき点や、もっとこうしたいという願望のようなことをだらだらしゃべっておく。そして翌日、朝のｎｏｔｅを書く時間に、フィードバックを文章に起こしながら、次の3ヵ月に向けて習慣をこう変えていこうとか、この習慣を追加してみよう、というような次の目標を書き出していく。

目標なんていってもそんなに大したことを考えていない。

やっておきたいこととか、やれたらいいなと思ってる小さなことをただ書くだけ。

わたしの次の3ヵ月の目標には、「原稿を最後まで書く」とか「ダンスのフリを最後まで覚える」といったまともなものがある一方、**「ひとりカラオケでアニソンの練習」とか「ゲームでラスボスを倒す」なんていうものもまぎれている**から。

ときどき見直して思い出す

ときどきこうやって「習慣を見直す習慣」を作っておくと、忘れていたことも思い出すことができて、とてもいいと思っている。

時間を少しでも増やすために

「ない」時間を「ある」に変える

時間はないと思うと「ない」。
でもあると思うと意外なところに「ある」。
わたしはいつも「ある」時間を探している。

「ない」時間は、「決める」ことによって「ある」時間になる。

マンガを読む時間は「ない」。
そう思っていた。
でも実際はそうじゃなかった。読む時間を作っていないだけだった。
学生時代のように読む時間がたくさんあるわけじゃない。
けど、1日5分くらいなら作ることができる。5分あれば1話くらい読めるだろう。
「1日1話、必ず読む」と「決める」ことによって、マンガを読む時間が生み出せた。
「ない」と思っていた時間が、「ある」ことに気がついた。

これはすべて「どうぶつの森」が教えてくれたことだ。

どんなに忙しくてもなんの得にもならない20分を毎日生み出していた。


時間は決めれば、あるのだ。

そして時間は意外なところにもある。


たとえばゲームのロード時間。

たった数十秒だけど、ただゲームが起動されるのを待つ時間がある。

この時間を有効活用する。


わたしはNintendo Switchでゲームが起動する時間を使って、その日食べた納豆のメモをXに投稿している。

納豆を食べたら写真だけ撮っておいて、そのあとゲームをするための起動の待ち時間を使って、納豆の味や特徴などをメモに書き込んでいる。

そして写真も一緒にスマホのメモに記録、ついでにXにも投稿する。

納豆のメモのために時間を用意するのではなく、スキマの時間を有効利用する。

他にもスマホゲームの報酬をもらうためにCMを見る時間。

これはＷｉｉ Ｆｉｔで筋トレをしながら横にスマホを置いて流している。ひとつ見終わったら、腕立ての途中でちょっと手を動かして画面にタッチして次のCMを流す。そうやってCMを見る。筋トレのついでの作業としてやっている。

こういうマッチングを探すのがとても楽しい。

コーヒーを淹れながらスマホゲームをするのも、アニソンを聴きながらストレッチをするのも、ラジオを聴きながらジョギングするのも同じようなこと。

こうやって、時間をデザインしている。

なんだ、ぜんぶ「小さく」しちゃえばいいんじゃん。

そして毎日「やる」って決めちゃえばいいんじゃん。

「ついで」にできることは一緒に済ませりゃいいじゃん。

これが「ない時間」を「ある時間」に変えた大きな気づきだった。

時間をデザインするとは、

「やりたいこと」や
「やるべきこと」を
「小さな習慣」に切り分けて
「タイミングを見つけ」て
「やりやすいように配置」していく
「ついでにできること」は一緒に済ませる

ということ。

行動できるタイミングを自分でデザインすることだ。

なんだよ！　そんなことかよ！　とお叱りを受けそうなほどバカくさい発想なんだけど、少なくともこれでわたしの時間はとんでもなく充実するものになった。

まとまった時間はなくても、小さくやる時間は「ある」

さらに時間をデザインするために

3つのルールで時間を加速させる

すべてを「習慣化」して考えることで、時間は自然とデザインされていく。

そしてそこに3つのルールを設定することで、「時間」はさらに生み出され、大きな意味を持ってくる。

「時間のデザイン」をする上で、わたしが守っている3つのルールがある。

それは……

- **早くやる**
- **たくさんやる**
- **なんでもやる**

この3つ！　バカみたいにシンプルだ！

いや、ちょっと違う。

・「早くやる」
➡鬼速でやる
・「たくさんやる」
➡圧倒的に数をこなす
・「なんでもやる」
➡無駄なことをとことんやる

この言い方の方がしっくりくる。

・早くやる　鬼速でやる
これは時間を生み出すためのルール。
なんでも「早くやる」「すぐやる」「鬼速でやる」ことを心がけている。
当たり前だけど「早く」やることで、さらに時間は生み出されていく。
「すぐやる人」になるための習慣術だ。

・たくさんやる　圧倒的に数をこなす
これは生み出した時間を活かすためのルール。
時間を生み出すのはなんのためか。「たくさんやる」ためだ。
より多くの仕事をこなし、仕事の質を高めていくための習慣術。
数をこなすこと、それが質の向上につながっていく。

・なんでもやる　無駄なことをとことんやる
これは限りある時間を充実させるためのルール。
いくら時間を生み出してもその時間に意味が見いだせないとつまらない。

やらなきゃいけないことをどう楽しむか、新しいことをどうやってはじめるか。

そして人生をいかに楽しく豊かなものにしていくか、そのヒントのようなものでもある。

それでは時間をデザインするための「3つのルール」をひとつずつ解説していく。

生み出した時間をさらに有効活用する

時間を生み出すために

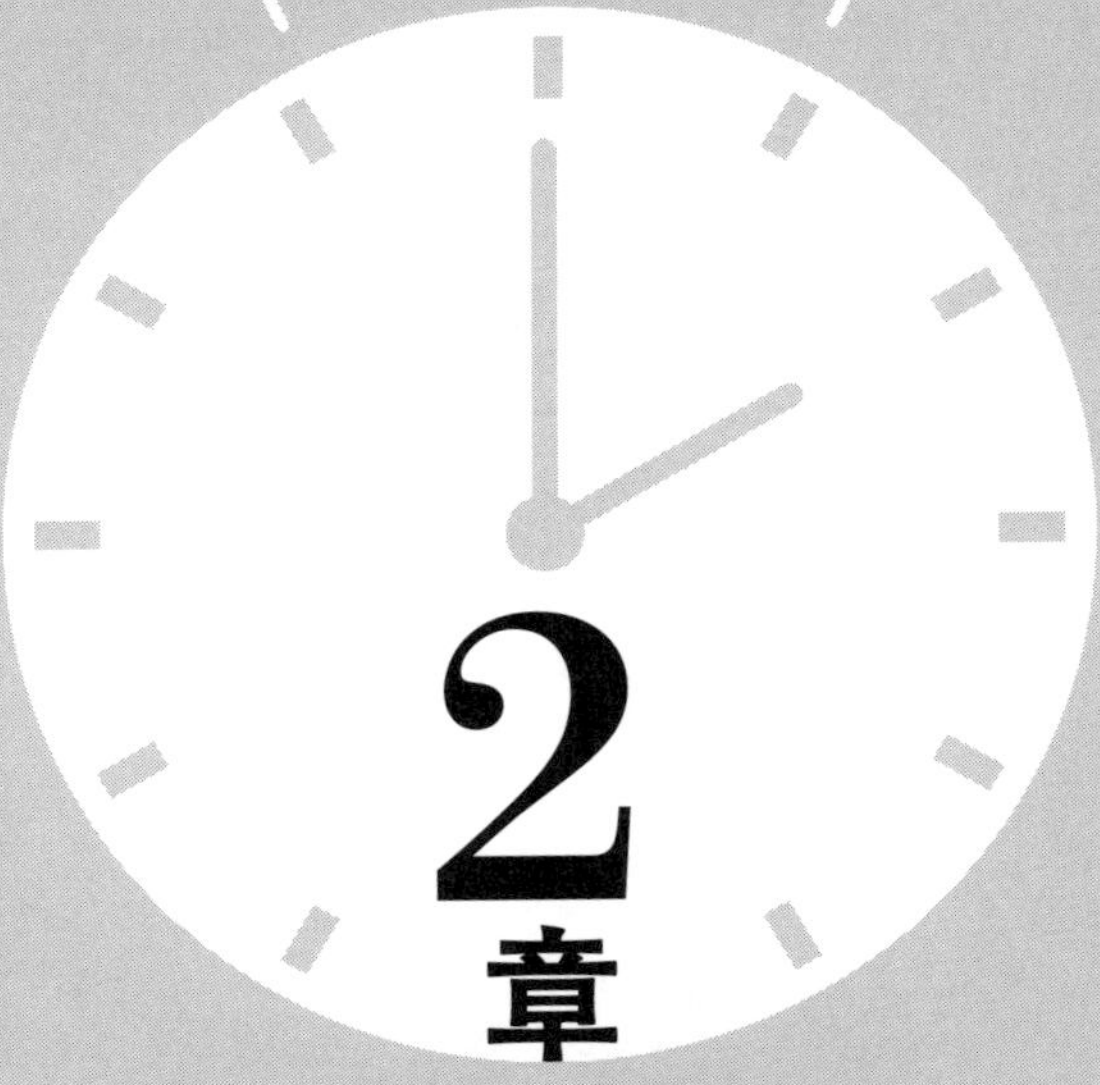

2章
早くやる

鬼速でやる

時間を生み出すために

「早さは神」を口癖にする

なんでも鬼速でやるようにしている。

時間を生み出すためだ。早くやればその分、時間は増える。

メールは基本的にすぐにレスするようにしている。デザイン修正の対応も、デザインデータの受け渡しも、ちょっと面倒な頼まれごとも、その場で解決するようにしている。

別に仕事への意識が高いわけじゃない。

その方が圧倒的に楽だからだ。

わたしもかつては、「すぐやらない」人だった。

どちらかと言えばむしろ、なんでも先送りしがちな人間だった気がする。

だけどいまは違う。

早くやれば感謝もされるし、時間まで増える。

「早さ、最強！　なんなら神！」とさえ思っている。

実際問題として作業量が多すぎて、猛スピードで対応していかないと、処理しきれなかったという理由もあるが、それだけではない。**どんな小さな作業も残さず「すべてその場でやり尽くす」**を基本理念にしたら、「仕事が溜まりすぎる」「処理しきれない」「どうしよう」という混乱もほぼなくなった。

この考え方は、よくよく考えると「どうぶつの森」に教えてもらったことかもしれない。たまに忙しすぎて、花に水をやることを先送りしたことがある。するとその翌日は前日しおれた花と新たにしおれた花が合わさるため、花畑全体の元気が一気になくなる（わたしが勝手に村を「花畑状態」にしているだけだけど）。その日の分だけ水をやるならものの20分で終わる。しかし2日分となると倍以上の時間がかかってしまうのだ。

そのあまりの無駄さに、わたしは決意した。**水やりはサボってはいけない、しおれた花にはすぐに水をやらないといけない**のだと。

現実でも似た経験をした。

二十代のころに、離島をまるごと使ったアートイベントに参加した。

人が住まなくなった民家や廃校になった学校を展示スペースにする展覧会。参加者は島の公民館のようなところに滞在していた。

わたしは出品者ではなく、運営のボランティアのような形で途中から参加した。

行ってまず驚いたのがトイレのあまりの汚さだった。

「よく、こんなところでできるな……」という惨状だった。

だけど誰もなんとも思っていないようだった。

いや、たぶん気づいてはいても誰も掃除したくなかったのだと思う。

わたしが最初にやったのはトイレの掃除だった。

あらゆるものが飛び散って、便やら生理用品とか放置されて、たった5日かそこらでよくこんなに汚せるなという汚さだった。

掃除には半日かかった。ものすごく大変だった。

それからは毎日掃除をするようにした。毎日やれば1回の掃除の時間は短い。

30分やそこらで終わる。

5日放置したら半日かかったけど、毎日掃除すれば30分で終わる。

すぐに落とせばなんの問題もない汚れが、こびりついて落とすのがやっかいになったり、どうせ汚れているからと雑に使うようになって汚れの範囲が広がったり、先送りすることで悪化していく。

先送りにするというのは、どうやらそういうことらしい。


その光景が教訓として刻まれている。

ゲームも現実もまったく同じ。**すぐやることが圧倒的な「時短」につながる。**


小さな作業だけじゃない。大きな問題もできるだけ早く手をつける。

気の重いこと、やっかいな問題から向き合う。なるべく早く手をつける。

そうできるのは、意志やメンタルが強いからではない。

むしろ逆。**「気が弱い」から早く片づけている。**

気の重いことを先送りすると、ずっとその気の重さと付き合うはめになる。

それに耐えられない。

一方で、どうしていいのかわからないようなことも、少し手をつけてみるだけでちょっとした解決の糸口が見えてくることもある。だからとにかくなんでもいいからすぐに手をつける。


メールの返信もきたら可能な限り秒で返す。その方が短いメールで済む。

アイデアを求められたり、なにか提案が必要だと感じたときも、その場で内容を考えてすぐに返信する。その方が完璧を求められなくて済む。

締め切りも必ず前倒しする。その方が気が楽だからだ。

ある意味、早さって、ズルさだよなって思う。

ズルい上に、メリットしかないと思ってる。

やっぱ、すげーな「早さ」。

まず早さは「信頼」を生む。

仕事をはじめたばかりのころ、そのことを実感した。

飲み会での出会いがきっかけで、情報誌のデザインの仕事を頼まれたことがある。

独学でどうにか書籍のデザインの仕事はしていたけど、雑誌のデザインはやったことがない。デザイナーとしては圧倒的に経験不足だったころの話だ。わからないことだらけで、デザインスクールにでも通ってみるかと迷っていた時期だったが、「何事も経験」と思ってやってみることにした。

実際に雑誌の仕事をしてみて驚いたのは、そのむちゃくちゃなスケジュール感だ。

とにかくスピード感がヤバい。依頼がきたと思ったら「締め切りが3日後」とか、そういう世界。

「やったことがない仕事だし、3日後なんて無理です……」とは口が裂けても言えない。

向こうはこっちが「初心者」だって知らないから。

ただページあたりいくらのデザイン料なので、早くやればそれだけお金的にも嬉しい。

だから「3日？　上等だ！　明日送ってやる！」

それくらいの気持ちで、まさにスピード重視で仕事した。

これが、じつにありがたがられた。めちゃくちゃ早くやって、（クオリティは最上級とは言えなかったかもしれないけど）ちょっと修正が入るレベルの出来で、直して無事に納品。

この仕事ぶりがすごく重宝がられた。

最初は数ページの依頼だったのが、少しずつページ数が増えていき、数ヵ月後には表紙のデザインもまかされるようになり、そのうちにほぼまるごと1冊まかされることになった。

さすがに情報誌をまるごと1冊デザインするのは大変だ。まる1日フルで作業して、夜中に打ち合わせに行って、写真や原稿などの素材をもらって帰り、また翌日はフルで作業する、そんな生活。タクシーの中で作業をしながら家に帰り、写真をスキャンして、仮眠して、昼からまた作業して、夜までにできたページをバイク便で送るみたいな、クレイジーな仕事のやり方をしていた。

当たり前だけど、こんなのはひとりでやる仕事量じゃない。よい子はマネをしてはいけない。

あまりにもむちゃくちゃで長続きはしなかったけど、技術とスピード感を磨くのにはいい修行になったし、ギャラもそれなりにいただいて助かった。

「早さ」が信頼に結びついた貴重な体験だったと思う。

このこともあってだと思うけど、仕事の「早さ」をすごく意識するようになった。

その数年後にデザインした書籍『なぜ、「できる人」は「できる人」を育てられないのか?』(吉田典生/日本実業出版社/2005年刊)も、早くやることで道を開くきっかけになった仕事だったと思う。

いまでこそわたしの仕事はジャンルでいうと「ビジネス書」のデザインがメインだ。

ただ、その当時はビジネス書というものがなんなのかもよくわかっていなかった。

この仕事がいわゆる「ビジネス書」の初めての仕事だった。

デザイナーになってまだ数年。そんなに経験があるわけでもない。

ビジネス書にはどういう雰囲気のデザインが好まれるのかよくわからないし、ターゲットに合わせてスタイルを使い分けるような技術も持ち合わせてなかった。

打ち合わせのとき編集者から、読者ターゲットやだいたいどういう感じになればいいかなど、聞きはしたものの自分にそれが作れるかわからない。圧倒的にアイデアの引き出しが不足していた。「まずはやってみます」とだけ答えて家に帰った。

はて？　どうしたものか……。

とりあえずその日のうちに一回作ろうと思った。

ビジネス書はわからないけど、タイトルから考えて、「これだ」というデザインを作ってみた。

だけど、本当にこれでいいのかはわからない。

やり直しになるかもしれないし、まったくダメってなるかもしれない。いずれにしろ早めに返事をもらっておこうと思って、打ち合わせをした当日にデザイン案を送った。

翌日返信がきた。「これでいきましょう！」という返事だった。

そしてそのまま採用されたデザインは、すごく評判になった。

勢いだけで作ったようなデザインだったけど、棒と丸だけで書いた「棒人間」のアイコンがすごく特徴的でわかりやすいデザインになった。

そしてこの本がけっこう売れた。続編も2冊作られた。

また「棒人間」のアイコンはちょっとしたトレンドになって、いろいろな本でマネもされた。さらにこの仕事の早さが、業界内でちょっとだけ話題になり、**「井上新八という鬼速デザイナーがいる」**というウワサが小さくだけど浸透した。

出版業界内で「時間がないときになんとかしてくれる鬼速デザイナー」と認識してもらった影響は大きくて、このころから仕事が大幅に増えていった気がする。

中には本当に「時間がなくて入稿が明後日なんだけど、タイトルもまだ揉めていて……」みたいな仕事も来るようになったが、「なんだそりゃ」って思いつつ喜んで引き受けた。実際、そういう仕事は大変だけど、手離れはすごく早い。つまりものすごく効率がいい。ある意味「ズルい」仕事なのだ。

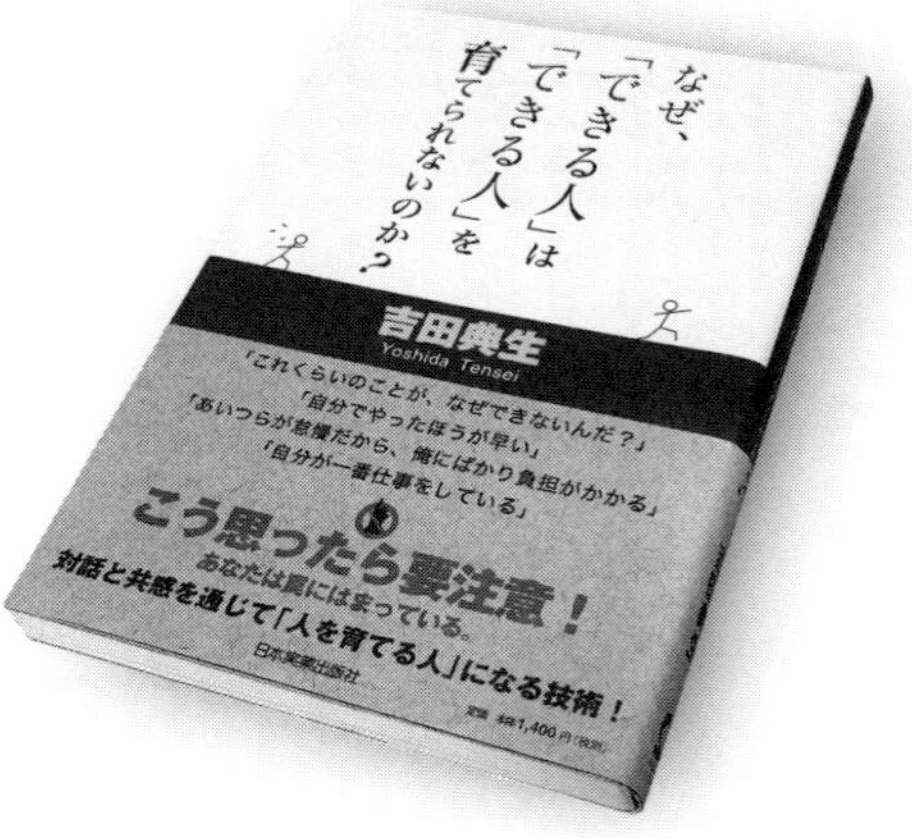

「鬼速デザイナー」という、喜んでいいのかどうかわからない称号ではあるけど、武器に

はなった。

「早さ」くん、ありがとう！

いまでもその早さが求められる仕事があれば、スピードマックスで仕上げることはもちろんある。

どうせ、最初のころはスキルなんて大したことない。

せめて「早さ」だけは誰にも負けないようにする。

少しでもいいものを追究するより、1秒でも早く仕上げる。

とにかく仕事をしはじめたころは、この考え方に助けられたなと思っている。

早さは武器！　そしてズルさ！

時間を生み出すために

締め切りを支配する

鬼速で動くための第一歩。

それは締め切りを自分で決めることだ。

わたしは常時30件くらい仕事を同時進行させているので、毎日、なにかしらの締め切りがある。

大変そうに感じるかもしれないけど、じつはそうでもない。

まったく締め切りに追われていない。

締め切りのことなんてほとんど考えていない。余裕で暮らしている。

なぜなら締め切りに振り回されないように「仕組み」を工夫しているからだ。

大切なのはしっかり締め切りをコントロールすること。

そのためにまずやるべきことは、「締め切りのルールを自分で決める」ことだ。

締め切りは押しつけられるものではない。自分で決めて、支配するものだ。

ハッキリ言ってわたしも「締め切り」が嫌いだった。

締め切りに追い詰められる。ああ、やらなきゃいけない。締め切りまでに終わらさなきゃ。

「締め切り」さえなければ……。「憎い、締め切りの野郎が憎い」そう思っていた。

だけどあるときから、その思い込みが外れた。

「締め切り、ありがて〜」と思うようになった。

「締め切り」は憎むべき存在ではなく、ありがたいものだった。

「締め切り」はとてもとてもとてもありがたい存在なのだ。

なぜなら「締め切り」がないと人はいつまでたってもなにもはじめられない。

そして「締め切り」があることで終わらせることができる。そのことに気がついたからだ。

たとえば「いつまでも時間をかけてもいいよ」なんて仕事があったら、それはちょっとした地獄だ。

いつはじめればいいのか、いつまでやり続ければいいのか、グルグル思考が回るだけで、ネバーエンディングな無間地獄に陥ってしまう。

「いつまでに」という期限があるから人は動き出せる。

それなしに動けるのはよほど意志が強い人だ。そして「この日に終わる」というゴールがあることで、そこに向かって安心して仕事ができる。

わたしは抱えている仕事の本数が多すぎて、途中からいちいちそれぞれの締め切りを覚えていられなくなった。

この仕事の締め切りはいつまでだっけ？　そんなことを考えている余裕はない。

なので自分なりの「締め切りのルール」を決めることにした。

使うのはスケジュール帳だけ。

ただし締め切りの日はいちいち書き込まない。

わたしの場合、仕事のスタートは「打ち合わせ」だ。

スケジュール帳には「打ち合わせ」の日程を書き込む。わたしが使っているのはＭａｃのカレンダー機能。打ち合わせの日付に依頼主の社名と名前を記入する。これは忘れちゃいけないことだ。だから間違えないように書く。誰に会うのか、何時に会うのか、どこで会うのか、オンラインならミーティングルームのＵＲＬをそこに書き込む。

そして「打ち合わせ」をする。と、同時に締め切りまでのカウントダウンがはじまる。

わたしの決めているルールは、「打ち合わせ」の日から「2週間後がデザインの締め切り」だ（もちろん事前にメールで「2週間後でいいか」の確認はする）。

仕事の締め切りはすべて2週間後。実際はそれより余裕があるスケジュールだとしても、

2週間後と自分で決めてしまう。

だから締め切りの管理はめちゃくちゃシンプル。

スケジュール帳の打ち合わせの日から2週間後に「絶対に送る」がミッション。

ただ、それは最悪な場合の本当のデッドラインで、**実際大切なのは「前倒し」**だ。

2週間後に送る「約束」は絶対に守るけど、実際はそれより全然早く送っている。

早ければ1週間以内、通常は10日前後で送るようにしている。

次の章で詳しく解説するけど、打ち合わせの翌日には必ず一回、仕事に手をつけて作り上げている。

言ってみたら、翌日にはもう一回終わっている。

なのでじつは翌日に送ることも可能だ。

どうしても急ぎで翌日が締め切りという仕事があれば、送ることは可能だったりする。そういう状態

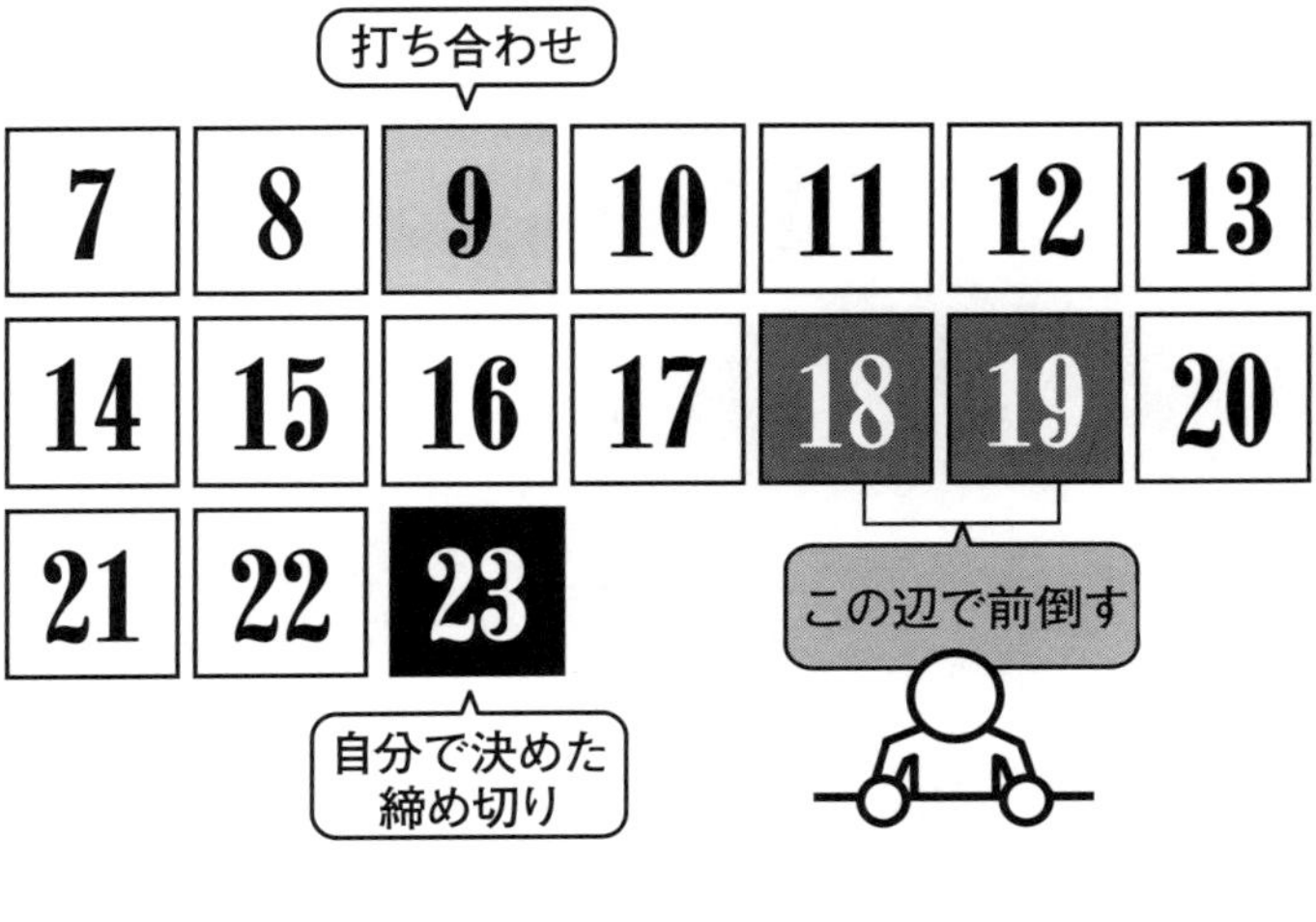

を作っている。

翌日からの2週間は「余裕」の時間なのだ。

完全に解放された状態をフルに使って、何度も仕事に向き合うことにしている。

それで「やりきった」状態までやって、予定よりも早い日程で送る。

そうやって締め切りをルール化して、コントロールしている。

このやり方にしてからすべてが楽。めちゃ楽。締め切りに対してノーストレスになった。

もちろんまだやりきれてない、足りないと思ったら、締め切りギリギリまで時間をかけることもあるけど、そのことに焦りはない。心に余裕がある中で最後のひとふんばりをしているだけだ。

急いでバタバタの中で作って、間に合わせるために仕事をすると、そこに余白がなくなる。


仕事に大事なのは余白だ。

余白の時間を作るために前倒しで仕事をする。

じつはこれが仕事の質を高める仕組みになる。

締め切りは自分で作って前倒す

時間を生み出すために

まずは0を1にする

なにかをはじめたら、まずやることは**0を1にすること**だ。

ほんとに小さいことをひとつ終わらせる。

打ち合わせが終わったら、なんでもいいから1アクションしておく。

わたしの場合は、まずその「仕事用のフォルダ」を作る。

そしてその中に打ち合わせをした資料を入れる。

ついでに打ち合わせのメモを見て細かい部分を確認したり、関連しそうな書籍の情報を調べて、その画像やURLをフォルダ内に保存しておいたり、イラストを使う予定があれば、候補になりそうなイラストレーターを調べてリストアップしたり、デザインに使えそうなダミーの画像データを収集したりするなど、実作業に入る前に小さく準備しておく。

時間がなければフォルダを作るだけでもいいから、とにかく0の状態を1にしておく。

これで頭の中に小さなスペースができて、この仕事への意識がオンになる。

そして翌日すぐに仕事に取りかかることができる。

まず必要なのは小さな一歩だ。

noteの記事を書く場合なら、日曜日の朝に下書きを書くと決めているので、その前日の土曜日にいったん準備をする。特になにもテーマを決めずにポッドキャストの収録で今週あったことをつらつらと話す。話すことでなにかテーマが一つくらいは見つかる。

それからnoteの新規投稿画面を開いて、そこにタイトルを打ち込み、なんでもいいからヘッダーに適当な写真を貼っておく。本文は書かない。書いても数行にする。土曜日のうちにここまで準備しておく。

そして日曜日の朝に一度最後までざっと書く。そして月曜日に仕上げて投稿する。

手順は多くなるけど、手間を分散させることで圧倒的に負担が減る。

「0を1にする」なにかはじめるときに、まずやることはこれ。

最初に一歩踏み出しておく

時間を生み出すために
ただやることに集中する

時間を生み出すには、やるべき仕事を早く終わらせることだ。

仕事を終わらせるには、どうするか。

終わるまでやるしかない。当たり前だ。

当たり前だけど、それ以上に正しいことがこの世には存在しない。

１人で仕事していたらなおさらだ。誰も手伝ってくれないし、誰も代わってもくれない。

終わらせるには、終わるまで自分でやるしかない。


目の前には大なり小なり、膨大な仕事の山がある。

ぼんやりしていると仕事は溜まっていく。どんどん溜まっていくとパニックになる。

終わりが見えなくなって、一体なにから手をつけたらいいのか考えられなくなる。

そうならないようにするにはどうしたらいいか……。

答えは、全部を「すぐやる」しかない。

そして、なんでも「すぐやる」ようになるには、「考えない」で「動ける」仕組みを作るしかない。

それは、なにも考えずに適当に仕事を終わらせる、という意味ではない。

「余計なことは考えない」という意味。

大量の仕事を終わらせる秘訣は、次になにをするか？どの順番で片づけるか？といちいち考えることなく、いかにすぐ動けるかにかかっている。

ブルース・リー的に言えば、**「考えるな、片づけろ」**だ。

わたしは基本的に細かなスケジュール管理はやらない。

スケジュール帳に細々と予定を書いたり、時間を割り振ったりする、その時間が無駄だと思っているからだ。

もちろんメモは使う。その日の午前中にやるべきことはすべて書き出す。いますぐできないこともメモに書きとめる。

でも、それだけ。

すぐやれることはすぐやって、書き込む時間を省いた方が圧倒的に早い。

これはひとりでやっているから成立する話かもしれないけど、とにかく余計なことはなにもしたくない。時間がもったいない。

やるべきことは、仕事を終わらせることと、仕事の質を高めること。

余計なことは考えずに、ただやることに集中する。

積み重なっていく仕事を前にして、なるべく仕事にストレスを感じないよう、できるだけ楽しみながら、クオリティを維持し続け、確実に締め切り内に終わらせる。

じゃないと、わたしみたいなフリーランスは生き残れない。

考えるな、片づけろ！

時間を生み出すために

分解して名前を付ける

なかなか動き出せないのは、山が大きいからだ。

いきなり大きな山に登ろうとするから絶望する。

大変だと思っていることは、たいていの場合なにをしていいかわからないから大変だと感じるのだと思う。

山の頂上を見ると、果てなく遠く感じる。だからまずは足下を見て、最初の一歩を考える。

遠くに見える頂も一歩一歩進めば近づいてくる。

大変さの正体を知れば、大変なことは大変でなくなる。

どうすればいいか。

まずは大変なことを分解して具体的な作業名を付ける。

そうやって行動を「言語化」することだ。

どれだけ大きな仕事も、分解すれば小さな作業の集合体になる。

だから大きなものは、できるだけ細かいパーツに分解していく。

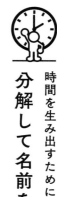

わたしのメインの仕事は、本のカバーをデザインすること。

ふだんはいちいち書き出したりしないけど、たとえばこの仕事を作業として分解し、順番に並べるとこんなふうになる。

・資料を読んでイメージを考える。
・イラストの候補や写真の候補を探す。
・本のサイズとなる四角形を画面に作る。
・タイトルの文字を画面に置く。
・著者名を置く。
・文字の位置や大きさを決める。
・写真かイラストを置く。
・帯コピーを置く。
・位置や大きさを変えて整える。

いきなり「デザインをするぞ」と思うと少し気が重くなる。
つまり「やる気」が必要になってくる。

「やる気」がみなぎっていればいいが、毎回そうとも限らない。「やる気」に頼らずにはじめるには、まずこの中のいちばん負担にならない作業をひとつやってみることだ。

できることなら、単純に手を動かすことがいい。

このリストの中でいうと「本のサイズとなる四角形を画面に作る」がいちばん頭を使わずにできそうだ。

だからまずそれをやる。

ただサイズ通りの四角形を作るだけ。

それだけでいい。

四角形を作ったら次にタイトルを入れてみる。

次に著者名を入れてみる。

大きく入れるか小さくするか考える。

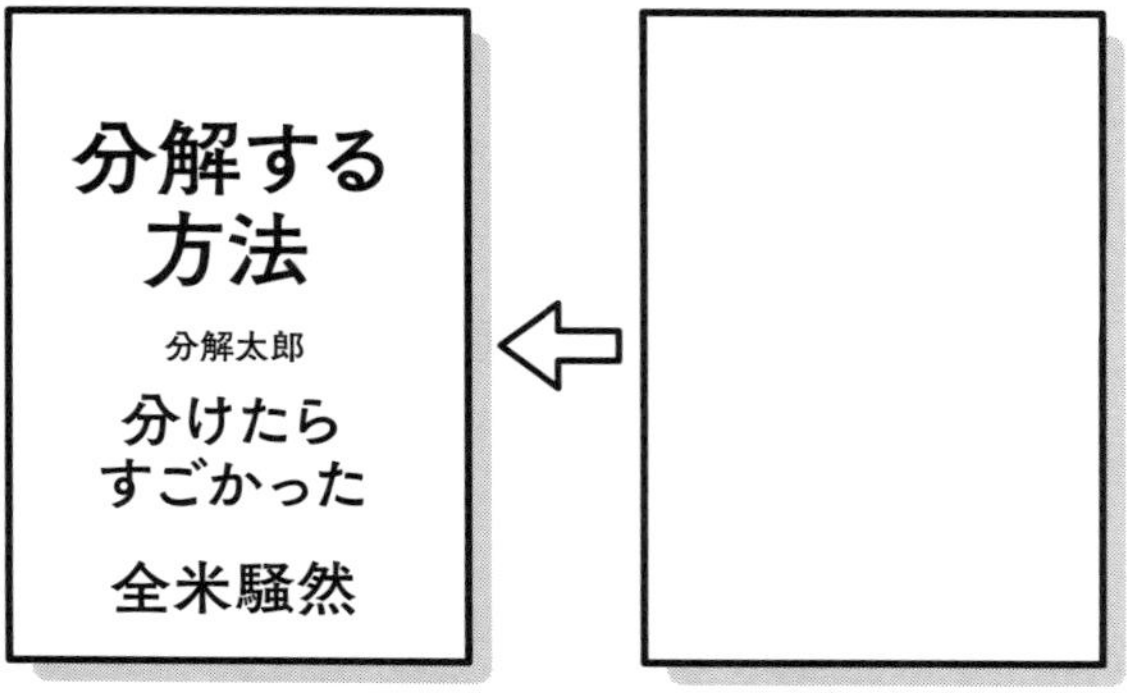

帯のメインコピーを入れてみる。

そうやってひとつの作業をはじめたら、次の簡単な作業をみっつ、よっつ重ねていく。

小さく負担のかからない作業をしているうちに、勝手にデザインの仕事ははじまっていく。エンジンがかかって、頭が勝手に動き出していく。

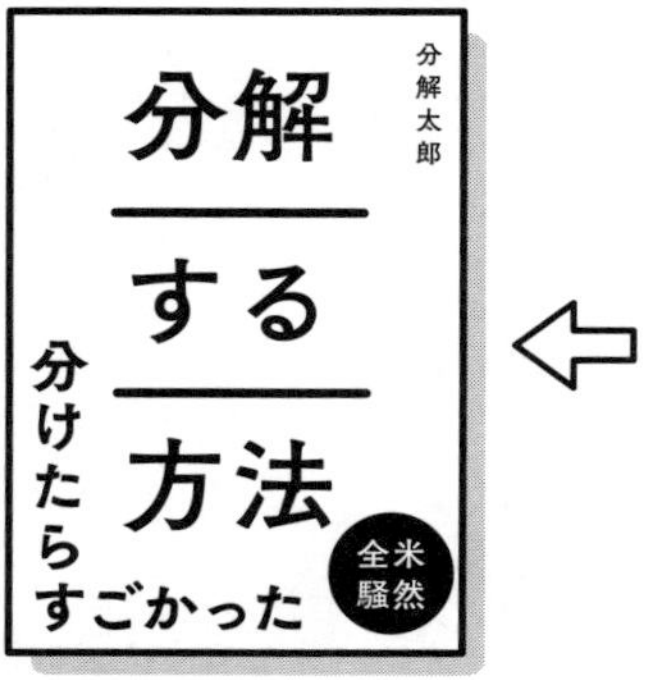

いちばん簡単なことからはじめる

時間を生み出すために

手を動かしながら考える

なにも動き出さずにぼーっと画面に向かって、手を止めたまま、どうしようかと考えている状態。

これがいちばん無駄だと思っている。

タイプにもよるかもしれない。

よく考えてから作る方がうまくいく人もいると思う。

ただわたしはデザインを作る前にじっくり思考することが苦手だ。

ぼんやりしたイメージは頭の中に描いてみるけど、そこでじっくり考えはじめると、なにも考えないでぼーっとしはじめてしまう。

待っていてもなにも降りてこない。

それがわかっているからとにかく手を動かすことにしている。**手を動かしながら考えた方がアイデアがまとまりやすいし、発想を目に見える形にしていく方が発展させやすい。**

よく「頭の中にできているから大丈夫」と言う人がいる。

もちろん否定はしない。25年前、わたしは編集者だった。そのころ実際に達人の極みを間近で見て驚愕したことがある。

「頭の中でできている」と言ったきり、一行も原稿を書いてくれない大御所の評論家を、担当したことがある。書かない。とにかく書かない。けど、頭の中にはあるという。締め切りを過ぎても書かないから、最後は自宅に押しかけて「書くまで帰らない」と言って待つことになった。

「じゃ、書くよ」とその人は原稿用紙に向かった。ほどなく、手書きで原稿用紙にすらすらと文章を書きはじめた。かなりの長文だった。しかしほとんど消しゴムも使わず、数時間で書き上げた。そして規定の枚数の原稿用紙の最後のマスぴったりに、「了」の文字を書き込んで執筆を終えた。

常人のわたしには信じられない光景だった。

本当に頭の中で完璧にできあがっていた。こういう超人も実在する。

ただ、それはわたしのような凡人には到底無理なやり方だ。

わたしの場合は頭の中に「ある」と思っているものを、実際形にして出してみると、それはまったくとらえどころのないもので、じつは存在していなかったのかも？　という結果になることが多い。

頭の中にできているデザインほど信用できないものはないし、頭の中にある名文ほど戯言《ざれごと》に近いものはないと思っている。

また「頭の中にイメージがあるからすぐできそう」と思っているものほど、生み出すことがとても困難だったりする。

イメージができているもの。

それを具体化するには想像以上の時間がかかる。

案外なんのアイデアもないときの方が、すんなり作れたりする。

ただイメージをすること自体は重要なプロセスで、ぼんやりしたものを形にしていくことこそが、仕事の醍醐味《だいごみ》でもあるだろう。だから時間をかけて練り上げていく。ただ思ったより時間がかかるから、なるべく早く取りかかる方がいい。

「頭の中にある」から「簡単にすぐできそう」という感覚はいちばん信用できないので、**まずはとにかく一回、形にしてみる。雑な形でもいいから頭の外に出してやる。**

形にしてみると「できてそう」なものほど「できてない」ことがわかるから。

頭の中から出してみないとわからない

時間を生み出すために

今日の課題は今日片づける

動きはじめたら終わらせることを意識する。

「小さくはじめて」「小さく終わらせる」

これらをひたすら繰り返していると仕事は終わる。

大きな山を切り分けて、一つひとつの「ゴール」を小さく設定して、小さく終わらせていく。

もちろんどんなに小さくしたって時間のかかる仕事はあるが、そんな仕事でも「ここまでやる」と決めたら、そこまではやる。

そしてひとつの「ここまで」が終わったら、すぐ次の「ここまで」にとりかかる。

その合間にそもそも小さいこと、たとえば出した道具を片づけるとか、急ぎではないメールをひとつ返信する、みたいなことも一緒に片づけていく。

いずれにせよ、心に刻んでいるワードはこれ！

「仕事を溜めるな！」

どんな小さな仕事も溜めない。すべて片づける。

その日に片づけられることは、その日のうちに。翌日に宿題を持ち越さない。

これが気持ちよく毎日を終わらせる秘訣だと思っている。

全部を完璧に片づけるわけじゃない。

自分で設定したゴールを達成すればいい。

そのために「終わらせることができるゴール」を設定することが大事だ。

当たり前のことを言ってバカみたいだけど、そんな当たり前のことが、すごく気持ちのいい翌日を連れてきてくれる。


すべては明日を気持ちよく、ご機嫌に過ごすためだ。


たとえば使っていたシャンプーが切れたとする。今日までは足りていたが、今日使った分で終わった。そこで「明日、詰め替えよう」と思う。

でも翌日になったら、シャンプーが切れていることを忘れている。髪を濡らしてからシャンプーがないことに気がつく。濡れたままシャンプーを詰め替えることになる。それだけでちょっと不機嫌になる。なんかちょっとだけいやな一日になる。

だからシャンプーが切れたら、明日詰め替えようと思わず、その日のうちに詰め替える。

これも翌日の自分の機嫌をよくする方法のひとつだ。

ストレスなくシャンプーが使える。そんな当たり前の状態がそこにある。これだけでも十分、明日の自分への小さなプレゼントになる。

仕事をすべて片づけてから、明日の自分にバトンタッチする。

これは、**明日の自分へ気持ちのいい一日をプレゼントするためだ。**

前日のやり残しがないことで、気持ちのいい次の一日がはじまる。

気持ちよく朝一でじっくり時間をかけるべき仕事に取りかかることができる。

淀みのない朝の仕事のゴールデンタイム。

クリーンでノイズのない「全集中」の時間は、前日の自分の力で生み出して、翌日の自分にプレゼントするのだ。

気分のよい一日を自分にプレゼントする

時間を生み出すために

メールは鬼速で返信する

じっくりやるより早くやる。

仕事全体で一貫している考え方だ。

たとえばメール。当然これは即レス。

なぜ早くメールを返すか。**それは圧倒的に返信が短くて済むからだ。**

鬼速で返すメールは、ほとんどチャット。余計な内容を省略できる。

なにか確認して欲しい書類が来たら、その場で目を通して返信する。

「ざっと読みました！　おおむねいいと思います。ただ○○の箇所だけ気になりました！」

即返信すればこんな文面だけでいい。

ちょっとした不安があれば「なにか特に注意すべき点があれば教えてください。そこをもう一度よく確認します」というように相手に質問を返しておくといい。

これが、時間を空けるとなるとそうはいかなくなる。

まずは「お世話になっております。〇〇の書類、受け取りました。明日までに確認して返信させていただきます」という受け取ったという旨のメールを送り、翌日確認して、またメールを送らなくてはいけない。

そして翌日まで時間をもらったことで、じっくり確認することが要求される。時間が空いたんだからしっかりと確認しただろうと向こうは思うだろう。だからしっかりと確認し、しっかりしたメールを書くことになる。もちろん中にはしっかりとした確認が必要な書類もあるが、たいていの場合、即レスによって「ざっと」の裏ワザが使えるし、多少ヌケがあっても許してもらえるかもしれない。だからとにかくスピードを重視する。その方が圧倒的に手間を省ける。また少なくともメールのやりとりが一回は減る。

「簡単なお願い」のメールは特に早く返す。

こちらがなにか調べるようなお願いなら、すぐに調べて、すぐ返信。

スケジュール調整なら、すぐカレンダーをチェックして候補日を投げる。特にスケジュールの確認は早ければ早いだけありがたがられる。

できるだけ早く返すことを意識するが、ただ返信が早いだけでは意味がない。

「受け取りました。確認します」メールは送らない。

これは手順がひとつ増えるだけだから。

「これから確認します」ではなく「確認しました！」にする。

「これから修正します」ではなく「修正したので送ります！」にする。

これを即返信とセットにする。

簡単な制作物の依頼だったら、「〇〇の作成をお願いできますでしょうか？」というメールに、「了解しました！　作ってみます！」ではなく「作りました！」で作った物も一緒に返す。

これには相手もビビる。


忙しいので、こういうことは単純化したい。

なので、メールはこういうルールにしている。

1、読んだら鬼速で即返信
2、一送信につき、必ず一歩前進

例外はあるけど基本的にこれを守る。
その場ですぐやって、すぐ送信する。
来た球は、すぐその場で打ち返す。
そしてつねに相手の返事を待つ状態をキープし続ける。
パスを待つ状態でい続けることを心がける。
大変そうに見えるけど、じつはこれが仕事を早く楽にするコツだったりする。
わたしはこの方法をひたすら繰り返し、同時進行している仕事を回している。

一メールで必ず一歩前進させる

時間を生み出すために

「すべて返信」をその日のゴールにする

仕事の連絡はすべて「メール」でお願いしている。

いまどきメールが時代遅れなのはわかっているが、あえて古いままでやらせてもらっている。

理由はきちんとある。

関わっている会社がバラバラで、案件の数も多いので、連絡ツールがバラバラだとなにがどのツールだったかわからなくなる。原始的ではあるけど、**メールであればすべての仕事を一箇所に集約できるのでとても便利**なのだ。完全にこちらの都合だ。申し訳ない。

メールで進行する大きなメリットは、スケジュール管理が自動でできることだ。

わたしは仕事の細かなスケジュール管理をしていない。

どの仕事にやり残しがあって、どの件が終わってないのか、どの程度進行しているのか、一覧のメモは残しているけど、基本的に進行表のようなものは作っていない。

作ること自体が手間だし、そもそも作る必要がないからだ。

メールで仕事をすることで、一目で進行管理が把握できる。

メールのトップ画面を見ればわかる。

やり方は単純。メールのトップ画面に現在進行中のメールを一通だけ残す。

これだけ。超シンプル。

トップ画面にあるメールの数が、いま抱えている「終わっていない仕事」の数だ。

そして返信マークがあるかどうかで、タスクの進行状況を把握している。

これもいたってシンプル。

返信マークがついていたら、こちらが「いますぐやるべきこと」が終わっている状態。

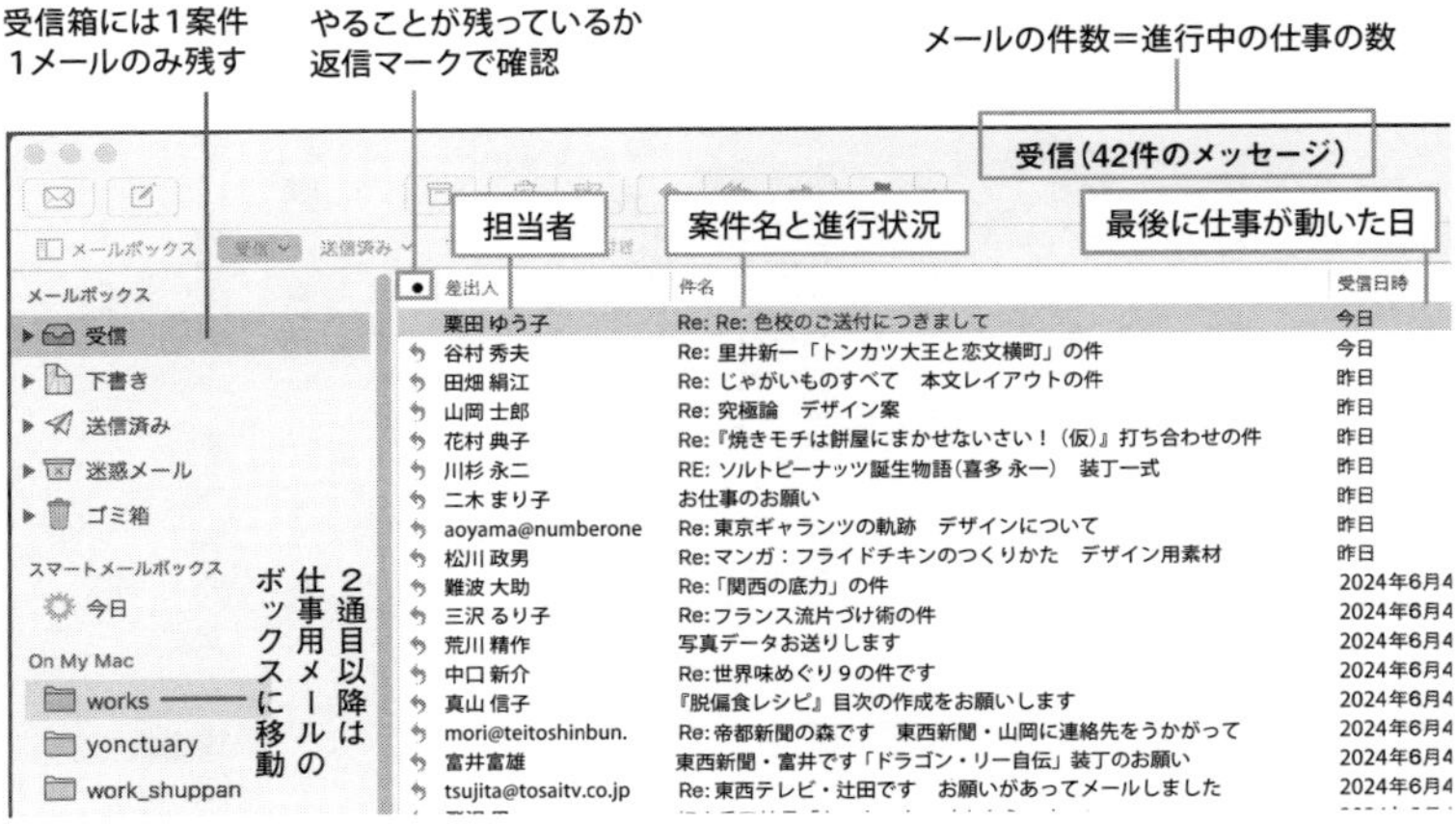

返信マークがついてなければ、やることが残っている状態。

とにかく毎日の仕事の目標は、**いまできることをすべてやり終えて、すべてのメールに返信マークをつけること。すべての仕事をすべて「待ち」状態にもっていくこと。**

一日の終わりは、こちらが「すぐやらないといけない仕事」がすべて終わった状態。

この状態をキープし続けられたら、どんなに忙しくても心の平穏を保つことができる。

そのためにも「すべて返信」をいかに早くできるか、その時間が早ければ、それだけ自由な時間にあてることができる（もちろんそうやって余裕ぶっこいて遊びに行くと、それと同時に超ヘビーなトラブルのメールがきて真っ青になることもよくあるんだけどね……）。

すべてのパスを送り返す。わたしの場合は、全部返信だ。

すべて返信し終えたら、その日の任務終了。気持ちがいいルールだ。

仕事はわかりやすくシンプルに管理する

時間を生み出すために
優先順位は無視する

本気で超超超忙しいときは、なにから手をつけたらいいかわからなくてパニックになる。そんなときはよく「優先順位を考えろ」という。

もちろんよくわかる。きっと大事なことだ。余裕があればぜひそうしたい。

でも本気で超超超忙しいときは、そんなことはしていられない。**優先順位を考える時間がもったいない。**

どれもそこそこ緊急で重要で、中にはどうでもいいようなこともいっぱいあるけど、積み重なってしっちゃかめっちゃかになると、なにがなんだかわからなくなる。

デザインの修正をしないといけない、原稿の赤字直しをしないといけない、請求書も送らないといけない、来週会う人との約束の時間を決めてお店を予約しないといけない、母が入所している施設のケアマネからのメールに返信しないといけない……どれも、そこそこ急を要するし、仕事もプライベートもごっちゃごちゃだ。

なにからやる？　答えは簡単だ。

優先順位は考えない。順番に片づける。

ひたすら先にきたメールから順番に片づける。こういうときのためにすべての連絡ツールをすべてメールで統一してある。メールのトップ画面の下方にあるメール、つまり先にきたメールから順番に片づけて、返信マークをつけていく。

タスクのリストなんか作るよりよほど効率的だと思っている。

仕事が優先で、プライベートは後回しとか、そういう優先順位も一切考えない。

ひたすら返信マークを付けていくマシーンになる。

ぱっとメールを見て1時間以上かかりそうなものはいったん飛ばす。

でも30分程度で片づくことなら、できるだけその半分の時間で終わらせることを意識して、超ダッシュで対応する。

やることが多すぎてパニックになりそうなときは、とにかく自分のことをマシーンだと思って、目の前のことにひたすら徹する。返信マークがつくことで、やらなきゃいけないことが目に見えて減っていくので、気分が少しずつ楽になっていく。

忙しくて大変なときほど、「すぐにやらなくてもいいこと」を先送りにしない。

じつはこれがすごく効果がある。大事なのはどれを優先するかより、具体的な数を減らすことなのだ。

「ちょっとした頼まれごと」とか「あとでもいい返信メール」とか、いますぐにやらなくていい小さな作業でも無視しない。1秒でも早くそれを片づける。

そういう小さなことほど、先送りにすると雪だるま式に増えていって、とんでもなくやっかいな仕事の山になってしまう。だから5分、10分で片づくことは、むしろなるべくすぐ片づける。鬼速で打ち返し、大きな雪だるまにさせない。

もちろん中にはものすごく時間もかかるような仕事もあるから、そういう仕事には「いつまでにやる」という返信をして、やることのメモに残す。

とにかく目の前の「やること」を一つでも多く減らすのだ。

やることを一つでも減らしていく

時間を生み出すために

やっかいなことから手をつける

忙しいときは優先順位を考えない。

これを鉄則にしているけど例外はある。「これだけは優先させるもの」が存在する。

それは「いちばんやっかいな問題」だ。

頭が痛くなるようなこと。気が重たいこと。なんでそんなことを……という理不尽すぎること。

もし目の前にそういった**「すごくやっかいな問題」があるなら、そのときは真っ先にそのことに取りかかる。**

「やっかいな問題」が自分に与えるダメージはデカい。相当デカい。

とんでもなく忙しいときに限って、とんでもないような「お願い」がくる。

デザイン案、どれも素敵です！　A案がすごくいいという票が集まりました。ただ営業からC案もいいとの声が上がっており、決められない状態になってしまいました。協議した結果、もう一案見て決定したいということになりました。つきましてはA案とC案の両方の雰囲気を保ちながらまったく違うデザインのD案を制作いただけないでしょうか。そちらも加えた上で最終判断できればと思います。ただじつは日程があまりない状態で、月曜の午前10時の会議までにお願いできると幸いです。ご検討いただけると幸いです。何とぞ、よろしくお願いいたします。


こんなメールが金曜に届く。

とても悩ましい「お願い」だ。決められないから、「もっと欲しい」と言う。俗にこれを「やり直し」と呼ぶのかもしれない。

ときどきこういう「お願い」がくる。こういうオーダーに応えていくのがデザイナーという仕事だったりする。

メールには「ご検討いただけると幸いです」と書いてある。「検討しましたが〝無理〟ですね」とは口が裂けても言わない。要望には可能な限り全力で応える。

やるとなれば気持ちを入れ替えてやる。

ただ精神的にはかなりこたえる。そして心底、へこたれる。

最初に送るまでに「これ以上はない」ところまでは考え抜いている。

「もっと欲しい」と言われても……。

どうしたらいいんだろう？　と頭を抱えてしまう。

こういうのがもっとも「やっかいな問題」と言える。

こんな問題が目の前にずっとあるとかなり気分が重くなる。月曜までにゆっくりやるとすると、土曜も日曜も気が重いまま過ごすことになる。なにをやっていてもモヤモヤがついて回ってくる。

だから、まずこのやっかいなことを終わらせる。すべての作業を止めて、その場で新しいデザイン案の「D」を考える。これを終わらせて一刻も早く自分の気持ちをスッキリさせる。

「D」が欲しいなら、「E」も「F」も作ってやる！　くらいのテンションでやる。

自分のミスで招いてしまう大きなトラブルもある。

先日もあった。12冊同時に入稿したシリーズ本があったが、その校了直前に判明したのが「全部サイズが違っている」という衝撃の事実だった。マジか!?　ってなった。それまで誰も気がついておらず、最後の最後にわかった。12冊、全部直さないといけない。全部サイズをやり直し……。

気が遠くなる。考えたくもない。でも誰かがやらないといけない……。

だから最優先でやる。

緊急だからということもあるけど、こういうことを後回しにするとものすごく大変なことになるからだ。「意地でも早く終わらせる」と思うことで、ブーストが発動される。他の仕事を遅らせてでもこれをやる。無理やりねじ込もうと思えば、その分エンジンが加速して早く片づく。**時間が空いたらやるのではない。いま目の前の時間をこじあける。**

重たい気持ちは引きずらない

なにかトラブルが起きたときの基本は即対応だ。

すぐ動いた方が早く解決するし、大きな問題になる前に火消しができることも多い。

特に謝罪するようなことがあれば、できるだけ早く謝る。

早く対応したおかげで大事にいたらなかったことは何度もある。

大きなトラブルに小さな問題が積み重なると、巨大になりすぎて登頂不可能な山になる。

だからまずは大きな問題を最優先で片づける。

そうすることで守ることができるのは、自分の心だ。

時間を生み出すために

お礼はいち早く伝える

できるだけ早くやった方がいいことがもう一つある。

それはお礼の連絡だ。

たとえば仕事中に宅配便で完成した本の見本が届く。

できるだけ早くお礼のメールを書く。

そのときやってる作業が長引くものなら中断してでもやる。

なぜすぐやるか。「忘れる」からだ。

わたしのダメなところではあるんだけど、ついお礼のメールを忘れてしまう。

ちょっとした贈り物をもらったり、お中元とか、そんなにたくさんはもらわないけど、あれ、お礼言ったっけ？　みたいなことが、けっこうある。

だから**「届いたら即、お礼」**。これを徹底することにした。

「あれ、お礼言ったっけ？」はこれで回避できる。忘れっぽい性格なので、とにかくこういうことを徹底する。

仕事で作った本の見本が届いたらお礼を書き、ついでに終わった仕事のリストに書き加え、更新してるネットの作品リストに追加して、請求書を発送する、というところまでまとめて作業する。

イラストのラフ案が送られてきても、頼んでいたものが届いても、こちらがお礼を伝えるべきメールはすぐに送る。

すぐ返すと同時に最大限の「嬉しい」気持ちと、感想も伝える。

少しボリュームのある内容でも、その場でちゃんと見て、ひと言添えてお礼を伝える。

きちんと自分の言葉で伝える。

自分がされて嬉しいことを人にもする、それがお礼を早くするいちばんの理由。

最優先させるものがあるとしたら、「ありがとう」を伝える気持ちかも。

嬉しい気持ちは即行全力で伝える

時間を生み出すために

本気は出さない

仕事に全力を尽くします、といえば聞こえがいい。

でも全力を出さない方がうまくいくのではないか？　いつもそう思う。

やるぞ！　と気合いを入れてやらない。

「やる気を出さない」「気合いを入れない」これが仕事の成果を上げるためのかなりよい方法だと思っている。

たとえば文章を書こうとする。

きちんと書こうと思って書きはじめると、わたしの場合はなかなか書けない。全然ダメ。うまく言葉が出てこない。思ったことではなく、「書くための飾った言葉」が出てくる。つまり少し本音とは違うような文章になってしまう。

もともと書くのが苦手だし好きじゃなかったから、文章を書くにあたっていろいろ試行錯誤した。

その結果**「書こうと思わないで書く」というのが最適解**だと行き着いた。

「書こう」と思ってかまえると、同じ側の手足を同時に前に出して歩く行進のようにぎこちない文章になってしまう。

だからなにかのついでに書いてみる。ただメモするだけのように書いてみる。日記のついでに書いてみる。そのくらいの気楽さで書きはじめた方がうまく自分の言葉が出てくる。

そのために日記やブログやSNSなど、毎日小さく書く習慣を続けているといってもいい。


企画書なんかもそうだ。

企画をまとめようと思わない方がうまくまとまる。

きちんとした企画書を作るより先に、その企画書を送るメールから書きはじめる。

まだ固まってもいない企画を、すでにできてるという前提で「こんな企画の内容なんです」って説明を書くつもりで書きはじめる。

そうすると意外に、どういう背景なのか、どんな構成になるのか、なにが売りなのか……などが思いついてきて、いつの間にか企画の概要がまとまっている。

ちなみにわたしの著作1作目『続ける思考』の構成案は、まったくなにも考えてない状態で、編集者からきた執筆依頼のメールに返信した内容がベースになっている。


本題に向き合いすぎず、気をそらしておいて、ついでの気持ちでやってみる。

そんなときに出てくるものが意外によかったりする。

デザインにしてもそうだ。

大きくやり直そうと思うよりも、小さな所を少しずつ直して整えていく方が、大胆なアイデアが浮かんだりする。

そもそもデザインをしようと思うより、ただ四角を書いてみるだけ、文字を並べてみるだけ、くらいの気楽な感じで向き合っていった方が、面白いデザインができたりする。

もちろん「本気を出さない方が絶対にいい」とは限らない。

「やるぞ！」と気合いを入れて向き合ったからこそ、うまくいった仕事もあった。

だけど、**気をそらして、ちょっと適当な気持ちでやってみることで、肩の力が抜けて、いいものができることがある、という力**もわたしは信じている。

だからいつだってそれなりに真剣にはやるけど、あまりマジメにやりすぎないようにしている。

気楽にやった方がうまくいくこともある

時間を生み出すために
すぐ終わることをやる

集中力が途切れる。やる気が持続しない。どうしてもそういうときはある。

もういつ終わるかわからないし、いまにもエンジンが止まりそう。

そんなときは**「すぐ終わる、ちょっと面倒なこと」をサクッとやる**ようにしている。

やるのはちょっとしたことでいい。

たとえば掃除をしてみる。

いや掃除をするというより、なにかを磨いてみる。

スマホ、マウス、デスク、あるいはふだんあまり磨かないテレビのリモコン。

「なんかテンションが上がらない」ときは3分くらいなにかを磨く。死ぬほど忙しくて時間がないようなときは、いつもより念入りにトイレ掃除をしたり、床を磨いてみたりする。

こんな忙しいときになんで……と思いながらも、掃除が終わると意外なほど気持ちが落ち着いている。一種の瞑想効果。気が重かったことに、取りかかれそうな感じになっている。

こういう日常の中にある「ちょっとだけ面倒なこと」は、「めんどくさい」「ダルい」という心の状態を強制的に動かすためのスイッチのようなものだと考えている。

掃除じゃなくてもいい。

たとえば紙見本を整理したり、デスク回りを少し片づけたり、ゴミをまとめたりするのでもいい。

身体を動かしたり、なにかを整理したり、身の回りをきれいにしたりすることがいいような気がする。

いずれにしろあまり頭を使わないことの方がいい。

「すぐ終わる」小さな雑用を挟むことで、「面倒くさい」からちょっとだけ解放される。

もちろん、その小さい雑用ですらやる気が起きないというときもある。

そんなときは「もっと小さなこと」を挟むといいかもしれない。

たとえば「立ち上がる」とか。ついでに3回スクワットするとか。

それもめんどくさい、息をするのもめんどくさいという人は、とりあえず息をすることを30秒くらいやめてみたらどうだろう。

それだって立派なアクションだ。

自分の意思で「なにかやる!」と決めて、ただ「それをやる」。

意外にそんなことでスイッチは入るものだ。

もう本当にダメだ。

やることに押しつぶされそうで、やらなきゃいけないのはわかっているんだけど、キツすぎてなにもできる気がしない。

そのくらい疲れ切ってしまったら、わたしは思い切って2時間、現実逃避をするようにしている。

映画館に逃げ込んで2時間のデトックス。スマホもデジタルデバイスもすべてシャットアウト。1秒も無駄にできないくらい忙しいときほど、積極的に2時間無駄遣いするようにしている。

意外にその2時間でリセットされてあとの仕事がはかどったりもする。

仕事がキツければ、そのまま寝ちゃって、翌日に持ち越してもいい。

とにかくダメな自分を責めすぎず、ダメなときはダメなままの自分を少し甘やかす。

「やる気」が消えそうになったら、「小さなすぐ終わること」を挟み、「やる気」を持続させていく。

自分の意志で「決めた」ことをやってみる

時間を生み出すために

ひとつひとつ、ていねいにやる

ときどき、もうしっちゃかめっちゃか忙しくて、倒れそうになる、ことがある。

そんなとき、圧倒的に仕事を早くこなす方法がある。

それは「ひとつひとつ、ていねいにやる」ことだ。

忙しいときこそ「ひとつひとつ、ていねいに」やる。これがじつはいちばんの近道。

あせってなにかすれば必ずミスを起こすし、そのミスをフォローしようとすると、また新たなミスを生んで、無駄な作業が増えていく。

仕事があふれかえって、雑になってしまいそうなときほど「ひとつひとつ、ていねいに」。

本当にパニックになりそうなときは、実際に声に出してとなえてみる。

終わりそうもない膨大な仕事の山は、終わらせることのできる小さな仕事の集まり。

だから仕事が山積みになって身動きが取れなくなって、ヤバいヤバい、このままじゃまずい、ああどうしよう、こんなのもう絶対終わらないってときはいったん深呼吸して、

「やれば終わる、必ず終わる、やらなきゃ絶対終わらない」

この言葉をとなえて、正気を取り戻す。

ひとつひとつていねいにやっていけば、大変なこともいつかは終わる。

「やれば終わる」ということを自分に思い出させる呪文だ。

大切なのは、とにかく冷静にひとつずつ終わらせること。

やれることから順番に終わらせていく。

早く終わるものから終わらせていく。

どうでもよさそうなことでも「終わる」ことから片づける。

とにかく「終わる」ことを優先させる。

終わりが見えないときは、先が見えなくて絶望しそうだけど、絶望しているより先に、なんでもいいから小さなことにひとつでも手をつけた方がいい。

「やれば終わる」をおまじないにする

時間を生み出すために

「怒らない」と決めてしまう

わたしはだいたい怒らない。

理由は単純、時間の無駄だから。

それに「怒る」と損することが多すぎる。単純に「コスパ」が悪い。

以前は「怒りをエネルギーに変えてがんばる！」と考えていた時期もあって、怒り吐き出し用の「デスノート」なんていう誰にも見せないテキストファイルをＭａｃのフォルダの奥深くの階層に作って、そこに怒りのエピソードを溜め込んでいたこともあった。

でも、そうやって溜め込んだ「怒り」ってふとした瞬間に暴発する。

我慢の限界はコントロールできない。それは突然やってきていきなり暴発してしまう。

疲れ切ってメールを書いているときなど、文面に怒りがにじみ出てしまう。

あるいは電話をかけてきた相手に、メールでは抑えられていた怒りが爆発して、せきを切ったかのように文句があふれ出してしまう。

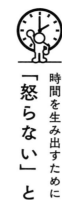

ごらー！　てめーふざけんな！　何度目のタイトル変更だよ！　ヒマじゃねーんだよ！

（なので電話は危険だ）

「いやー言いたいこと言ってスッキリしたー」って……うそ。

スッキリするどころか、後悔しか残らない……。

ほんと瞬間的にはスカッとするけど、あとで絶対後悔することになる。

そしてそのダメージのデカいこと……。

結局、怒ってしまったことに落ち込みすぎて、仕事に手がつかないようなことが何度もあった。

怒りが表出したあとは、もう仕事とか全部やめたい……そんな感情までわき上がってくる。

そこまでいかなくても、かなり慎重に意識しておかないと、つい投げやりな対応になってしまったりもする。

怒りって思わぬところで出てきてしまう。

そのたびに、自分の器の小ささと、悪いことしたなーって罪悪感で苦しくなる。

罪悪感だけならまだいい。そのことで二度と仕事がこなくなる可能性だってある。

怒り……。なんてデメリットだらけのヤツなんだ……。
そこであるときふと思ったのが、そもそも「怒るのをやめよう」ってことだった。
やり方なんてない。

「怒るのやーめた」って、それだけ。
それ以来、怒ることをやめている。
これですごく楽になった。
とはいえそんなに簡単に感情をコントロールなんてできるのか？　って話なんだけど、
そう決めちゃえば意外とできるもんだ。

もちろん完璧に怒らないのは無理だ。
そりゃ、ときどき頭に血が上るようなこともある。
でもそのたびに「怒らないって決めてるしな」と思うことにしている。
それだけで全然違う。
「で、どうすりゃいいんだっけ？」に頭を切り替えられる。
「怒る」よりも「面倒なので、早く終わらせちゃえ」と考える方が健康的だ。

なんでも、やれば終わる。

そもそも相手だって、怒らせたい、困らせたいと思ってやってるわけじゃないだろう。向こうには向こうの事情があるはずだ。**「向こうも大変なんだ」そう思うと、こちらの気持ちも1ミリくらいは楽になる。**

『整える習慣』（小林弘幸／日経ＢＰ）という本に、怒らないと決めておくだけで怒りの20％は減るということが書いてあった。

「決める」だけで20％オフ！　これはかなりお得だ。

怒らない、無駄だから

時間を生み出すために

「ていねいにする」を形にする

ただ負の感情はなかなかコントロールできない。

これをどうにかすることはできないか？　実験をしてみた。

結論から書くと**「メールをていねいに書く」ということで落ち着いた。**

これは実験してみていちばん効果を感じた方法だ。


仕事をはじめて10年くらい経ったころだったか。

あまりにもひどい修正依頼や、やり直し案件が何件も重なった。

あまりにもトラブルが続いて、メールを読むのも返すのもなにもかもイヤになってしまった。

毎日ずーっとやり直しや修正作業が、永遠に続いて、心が死んだ。

本文になにも書かずに添付ファイルだけ送ったりして、「こっちも不機嫌ですよ」ということをアピールしていた。

これは完全な失敗だった。

イヤな気持ちを表に出すと、本当にすべてがイヤになってしまう。

自分がイヤな人間にも思えてきて心がなえた。

結局、相手に不機嫌を投げるのって、不条理を理解してもらいたい以上に、相手に謝って欲しい、服従させたいという思いの表れだと思う。いま思うと気持ち悪いし、恥ずかしい。


不機嫌なときに、メールを書くことがイヤで仕方ない。

そこで試してみたのが「全部のメールを徹底的にていねいに書く」という実験だった。

仕事のメールであればどんなメールでも、すべて「超ていねい」に返信する。

これはキツい。あえてキツい方法を選ぶ実験だ。キツい状態にさらに負荷をかけるとなにかが変わるかも？　くらいの思いつきでやってみた。

ていねいとはいっても形式ばった、慇懃無礼《いんぎんぶれい》な印象を与えるメールではない。

読む側の負担にならないレベルのていねいさで書き、メールのどこかに必ず「ありがとうございます」という言葉を入れるようにした。

キツい修正依頼のメールに、イヤミのひと言も言いたくなったら、**その言葉を「ありがとうございます」に変換するくらいの気持ちで続けた。**

1～2ヵ月はものすごくていねいにメールを書き、そのうちていねいに書く度合いをゆるめて普通に戻していった。

これが驚くくらいに効果があった。

イライラしてきたらていねいにメールを書く。そしてどんなときも「ありがとうございます」を書く。そうしたら、メールで本当にイライラしなくなった。

いまでも仕事がキツくなったら**意識的にメールをていねいに書く。感謝の言葉も書く。**そうすることで、きちんと気持ちが入る。

「気持ち」は「形」から

『日日是好日』という映画を見ていて、茶道の所作の意味を知ろうとする生徒に樹木希林演じる先生が、意味なんてどうでもいいから「形」を覚えなさいというシーンがあった。

茶道では意味より先に「形」なのだそうだ。お茶はまず「形」から。先に「形」を作っておいて、後から「心」が入る。そういうものらしい。

まさにこれだ。

ていねいに感謝するという「形」にしてしまえば、あとから気持ちがついてくる。

時間を生み出すために
今日1秒でもいいからやる

わーーー今日は時間がない！
これやらなきゃいけないんだけど、そんなことやってる時間ないんだよね！
明日なら時間があるはず!!　明日やろう!!
こういうことある。よくある。
でも、ひとつ言っておく……。

今日ない時間は、明日もない！

今日作れなかった時間は、明日も作れない！　だから、どんなに忙しくても今日やる。
これしかない。1分でもいいから、1秒でもいいから今日やる。
いますぐやらなくていいけどすごく大事、という類の仕事がある。
たとえばいまこうして書いているこの原稿だ。

本1冊分の原稿となるとかなりの分量が必要になる。そんな原稿をまとめて書く時間なんてない。だから少しずつ積み重ねようと思って、「毎日、少しでもいいから絶対に原稿を書く」と決めてみた。一応、自分で「この日までに書こう」という締め切りは設定した。

自分で決めた締め切りはかなり先だ。

だからめちゃくちゃ忙しいときはつい考えてしまう。

「今日はすごく忙しいから、書かなくてもいいのではないか。明日はたぶん時間があるはず。今日は休んで明日書こう……」

ちょっと、まてーーー！

明日は明日で、別のことで忙しくなる。

だから、今日やると決めたことは今日やっておかないと、たぶん明日もできない。

「今日は忙しいから、明日やろう」そう思ったときはこう自分に言おう。

「明日も絶対、忙しい」。

だから、今日10分でも書く。1行でも書く。最悪、1文字でも書く。

この気持ちを持ち続けることがなにより大事。毎日がこの繰り返しだ。

今日ない時間は、明日もない！

時間を生み出すために
「生きる」ことをちゃんとする

どうしようもなく忙しいときに限って、笑っちゃうレベルで次から次へとやることが増える。

もう勘弁してくれという願いも虚《むな》しく、時間も、体力も、精神力も容赦なく削られていく。

こんなときこそ大事なのは、**基盤をしっかりすること**。

「生きる」ことをおろそかにしないことだなと、いつも思う。

わたしはいつも数人分の仕事を抱えている。だからやることはつねに渋滞していて、客観的に考えればとんでもない状況なんだろうと思う。けど、けっこう正気を保って生きられていて、いや、むしろ状況に反して、健康的だったりする。

それは「生きる」ことを大事にしているからだと思っている。

どんな状況でもしっかり生活をするということ。それはつまり仕事以外のこと……朝イチで空の写真を撮る、ストレッチをする、瞑想する、日記を書く、筋トレもする、読書もする、ゲームもする、掃除もする、ダンスもする、ジョギングもする、映画も見る、感想をブログに書く、写真も撮る、細かな雑用もその日のうちにやる、しっかり美味しいものを楽しんで食べる、アニメを見る、ドラマも見る、短歌も作る、1日の終わりは思い切りお酒を飲む……などを毎日全力で全部やり切るということだ。

「こんなときに、なにやってんの？」ということを、「こんなときだからこそやる」と思って、時間がないことを言い訳にしないで、どうやったら全部やり切れるかを考え、やり切るようにしている。

読書の時間がなければ、短時間で読める本を読む。忙しいときこそ、掃除をきちんとやる。やり切ることに注力すると、モヤモヤしている暇がなくなり、結果1日は充実する。悩むより、なんでもいいから動く。大変そうに見えるけど、結局そうすることが「いちばん楽な生き方」になっている気がする。

忙しくて、あれもできなかった、これもできなかったと思うより、忙しいはずなのに、あれもできたこれもできたと思う方が充実感は確実に上がる。一つひとつはちょっとずつでも、1日が終わったときに、「全部できた」と思えるのって本気で気持ちがいい。

やり切ると決めると楽になる

時間を生み出すために
はじめから期待しない

思い通りにいかなかったとき、思わず手が止まってしまう。
期待を裏切られたらストレスだし、落ち込む。
落ち込むと、仕事のスピードが一気に落ちる。だから、最初から期待をしないようにしている。

仕事のストレスの大半は「人間関係が原因」だという。
けどそうは言っても、結局は「相手が自分が思った通りのリアクションをしてくれなかった」ことが主な原因だろう。

それならば、はじめからなにも期待しないようにするのが、いちばん手っ取り早い。

たとえば、デザイン案を作ってメールを送るときに、いい返事がもらえるなんて思わない。

はじめからいい返事を期待していると、そうならなかったときにダメージを受けるから。

がんばって作ったから気に入ってもらえるだろう、なんて思わなければ、やり直しになってもショックは少ない。

はじめから「やり直しだろうな」くらいに思っておく。

もちろんいい返事が来たら素直に喜べばいい。その方が嬉しさも倍増する。

やれるだけのことはやって、結果には期待しない。

期待値を極限まで下げて、受けるダメージを減らす備えをしておく。


もしダメージを受けたとしても、引きずらずにすぐ忘れることも大事。

ものすごくひどい目にあったとしても、命に関わるようなことでなければいいじゃないか。


これまでも何度もひどい目にあってきているのだから。またきたか！　くらいに思えばいい。

たくさん仕事をしていれば、とんでもないようなことは次々と更新される。

いままで「これが最悪だった」と思っていたことが、大したことなかったと思えるくらい、もっとひどいことはいくらでも起きる。

でも「最悪なことが続く」というのも悪いことばかりじゃない。
「ふつう」が尊いと思わせてくれるからだ。当たり前のことに感謝する心が生まれる。

他人に期待していないのと同じくらい、自分にもあまり期待していない。

「完璧に」なんてとてもできないし、「想像以上のもの」が作れることもない。
「そこそこうまくいけばそれでよし」「自分のできることなんて、こんなもんだ」くらいの割り切った気持ちでいる。

自信はあって損はしないと思うけど、自信を持つことが大事だとは思わない。
自信を持つことなんかより、自分との小さな約束を守って、自分を裏切らないことの方が大事だと思っている。

大したことがないことでも、自分で決めたことを、当たり前にやる。
少しでもうまくいったり、よくできたら、自分をとても褒めてあげる。

永遠に雑魚でいい。
やるべきことをやって、自分との約束を守り続けていたら、それで別にいいじゃん。

他人ではなく、自分との約束を守り続けよう

時間を活かすために

3章

たくさんやる

圧倒的に数をこなす

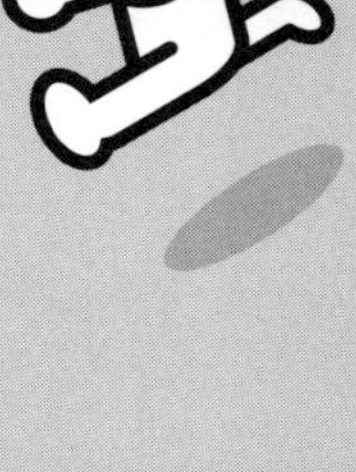

時間を活かすために

圧倒的に数をこなす

生み出した時間で仕事の質を上げる。

これはフリーランスで働くわたしにとっては使命のようなものだ。

質を高めて仕事を増やす、途絶えさせない、これは生き残っていくための方法だ。

そのためになにをしているか――。

とにかく「たくさん」やるようにしている。

ものすごく数を作っている。

理由は単純だ。才能がないからだ。

才能なきものが生き残る生存戦略。それは「たくさん」やること。

「仕事を頼むなら忙しい人に頼め」とはナポレオンの言葉だが、わたしが確信している数少ない事実のひとつに、「仕事はめちゃ忙しいか、めちゃ暇か、のどちらかしかない」というものがある。

これが真理なのかどうかはわからない。

ただ少なくともわたしは「すごく忙しい」状態か、「すごく暇」な状態しか経験したことがない。

忙しいときは、もうめちゃヤバイ。仕事が大混雑する。

この仕事、受けてOK？　受けたらパンクしちゃう？　大パニックになる。

今日って、あと何冊デザインすればいいの？　え？　それ、もう入稿？　また修正？　え？　どの本の話だっけそれ？　アドレナリン全開で必死に乗り越える。大変。だけど楽しい。でも楽しいとかいってる自分がヤバイ。まじ、ヤバイ。


暇なときは、めちゃ仕事がこなくてヤバイ。ヤバイくらい暇。

仕事をしはじめのころはもちろん「ヤバイくらい暇」だったし、仕事が軌道に乗ってきて天狗になりかけてたら仕事がいきなりなくなって「ヤバイくらい暇」になったし、自分の時間が欲しくて仕事を断りまくってたら「ヤバイくらい暇」にもなった。

暇でもヤバい、忙しくてもヤバい、ヤバイしか言ってない。

ちょうどよい状態がわからない。

この2択ならまだ「ヤバいくらい忙しい」方がまだいい。

だからつねに忙しくしている。ワークライフバランスってなんだ？　っていつも思っている。

わたしの本業であるブックデザインとは、ひと言で説明すると、「本を売るため」のお手伝いをする仕事だ。

その本が素敵な見た目になるように、文字通り「デザイン」するわけだけど、そうする目的はあくまでも「本が売れるようにする」ためである。

この本を読者に届けられるように、この本を読みたいと思ってもらうために、視覚的な手助けする。そういう仕事だ。

決して自分がやりたいことを表現したり、自分の作品を生み出しているわけではない。

そしてわたしがデザインした本のうち、ヒットした本がたくさんある。

正確に数えたことはないが、ヒット作のひとつの基準と言われる「10万部以上」売れた本が、けっこうな数ある。

つまり売れた本がたくさんあって、しっかり仕事の目的を果たしている。

だから仕事がくる、んだと思う。


では売れる本にするための法則とはなんだろうか。

というと、そんなものは存在しない。

もちろんある程度のロジックのようなものはあるが、時代とともに流行もスタイルも移り変わっていくから、そんなロジックなんかでどうにかなるほど楽な仕事ではない。

だいたい本当にデザインがよかったから売れたのかどうかもわからない。


ただ「売れる本」のデザインをするために、わたしがやっていることがひとつある。

それはひたすら数をこなすこと。

わたしは圧倒的に数をこなしている。

多いときはひとりで年間２００冊近くの本をデザインしている。

ヒット率は低いかもしれないけど、圧倒的にたくさんバッターボックスに立っている。

だからときどきでもヒットを打てば、ヒット数は増えていく。

打率よりヒット数だ。

数をこなして質を高めながら、ヒット数を上げていく。

これこそが凡人にとって最大の生き残り戦略なのだ。

なんの実績もないところから仕事をはじめて、どうにか20年間仕事を続けてこられたのは、とにかくひたすら数をこなしてきたからだと思っている。

そんなのは売れていて、仕事がたくさんあるからでしょう？　と言われそうだけど、それだけじゃない。

仕事が少なくても数は打てる。
ひとつの仕事に対してたくさんの案を出すのだ。

いまでもわたしはそうしていて、ひとつの仕事に少なくとも10案はデザイン案を考えるようにしている。多いときは20パターン以上のデザイン案を出すこともある。

阿部広太郎さんの著書『それ、勝手な決めつけかもよ？』のデザインのときは、23パターンのデザイン案を送った（これだけのパターンをどんな思考で考えていったかはｎｏｔｅで記事にした。よかったら読んでみて欲しい↓）。

1冊の本ごとにデザインのアプローチは変え、できるだけマンネリにならないように向き合っている。

そのためにとにかくたくさん思考している。

絶対ではないけど、これは自分で作ったルールだ。

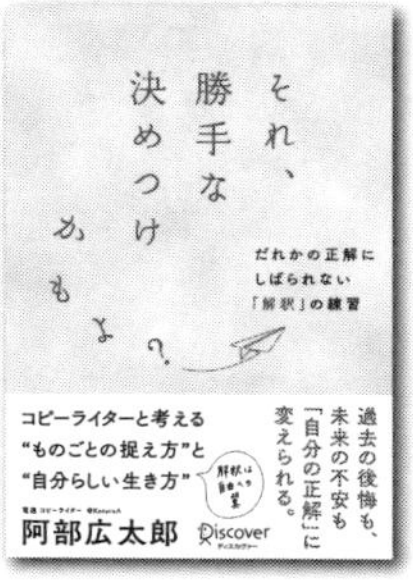

このデザインにいたるまでの道のり

「たくさん作る」というのは、「全力の可視化」に近いのかなと思う。

ひとつの仕事にたくさん案を作ることは、ある意味「全力で考えた証」とも言える。

たくさん本気で考えて、気を抜いても考えて、何度も何度も考えた結果をある程度選びながら、まるごと見せている。

たくさん出せばいいわけではないとはわかっている。

考えて、考えて、考えて、考え尽くし、徹底的に絞り込んだ一案だけを出す、というプロもいるだろう。いやそれこそが本当のプロかもしれない。憧れる。

でもわたしのような凡人にはなかなかそれは難しい。

「選択肢」をたくさん用意するというのは、凡人なりの「全力」のサービスだと考えている。

数はサービス。凡人にできる全力のサービス。

少なくともまだ仕事が軌道に乗ってないようなとき、あるいは実力が不足しているときには、そういった「全力の姿勢」が信頼を生んで、次の仕事を運んできてくれた。

だから、わたしは「数」を出すようにした。

それが正解かどうかは、いまだにわからない。

「そんなの素人考えだ」「大事なのは量より質」

そんな批判もあるかもしれない。
でもわたしは**「質」を上げるのは、「数」を作ること**だと信じている。
だから素振りを続ける。
とにかく数をこなす。数で圧倒する。
山のように同業者がいる。とてつもない実力を持った人たちがいる。
そんな土俵で凡人が生きていくためには、武器が必要だ。
数はそんな武器のひとつだと思っている。

たくさんやるという生存戦略

時間を活かすために
圧倒的量を提案する

打ち合わせをしたら、翌日にはデザインに取りかかることにしている。

いち早く手をつけるのは、たくさんの案を考えるためだ。

どうやったら本を手に取ってもらえるか。どうやったら目立つか。デザインの可能性をひたすら考えたい。

だから**「打ち合わせの翌日には必ず一案作る」**これをルールにした。

よほどのことがない限りこのルールは守っている。

完璧にはほど遠いものかもしれないが、気楽な気持ちで、深く考えずに、でもそのまま提出しても問題がないくらいのものをとりあえずひとつ作ってみる。

最初の時点でどんなに「いい」と思うデザインができたとしても、これはそのあとの可能性を探っていくための手がかりだ。

まず一度作ってみて、頭の中に「この仕事」のスペースを作る。考えをめぐらせるためのスイッチが入る。

その案をいったん寝かせる。

そして少し時間を空けてみると、最初に作った案が少し違って見えてくる。余白が大きすぎるかも？　いや逆に余白がなくてきゅうくつ？　違和感を探して埋めながら、別の可能性を探していく。

もっと他の可能性はないか？　違う見せ方はできないか？　締め切り（自分で決めた）までその試行錯誤を繰り返す。

そして最後の最後には、それまで作っていたものをいったんなかったことにしてみる。デザイン案を添付したメールを送る直前に、ゼロからもう一回、新しい気持ちで新しいものをひとつ作ってみるのだ。それまで考えていたことを忘れて、それまでの発想とはまったく違うものを作ってみる。

クオリティを考えずに勢いだけで作ってみる。ダメ押しの最後の一手のようなものだ(あまりに御粗末なものができたら送らないこともある)。

こうやって何度も時間を空けて、ひとつのデザインにアプローチする。

作って、寝かして、練り上げて、ぶっ壊して、また作る。これをルールにしている。

なぜこんなことをしているかというと、あるデザイン事務所のやり方を知ったからだ。

その会社はチームで作っているので、ひとつの仕事に複数人が一案ずつ出す。それをクライアントである出版社のコンペにかけて、採用された人がその仕事を担当するのだという。

「このやり方をしてくれると、まったく違うパターンが豊富に出てきてすごくありがたい」と、ある編集者が言っていた。

それを聞いて、これは勝てないなと思った。自分の仕事にかなりの危機感を覚えた。

チームで働いていないから何人もで取り組むわけにはいかない。

でも時間を空けて、「違う自分」として取り組めば、似たようなことができるのではないか？

そこで苦肉の策で決めたのが、作って、寝かして、作って、寝かして、何度も練り上げるというルールだった。

時間をかけた、ひとり分身の術だ。

ただし葛藤はある。

プロならば、自分がこれだと思う最高の1案だけを提案すべきではないか。

案をたくさん出せば出すほど、受け取る側の迷いが増えるだけではないか。それによって相手の負担を増やすだけではないか。そう考えた時期もあった。

でも、結果としてその考えは捨てた。

『図解 モチベーション大百科』（池田貴将／サンクチュアリ出版／2017年刊）という本の中で、こんな内容の実験が紹介されている。

仕掛け人の依頼主が、被験者のデザイナーに「広告バナー制作」の依頼を出す。

・Aチームには1パターンの案を提出させて、依頼主から5回修正が入る。

・Bチームには3パターンの案を提出させて、依頼主から1回ずつ修正が入る。

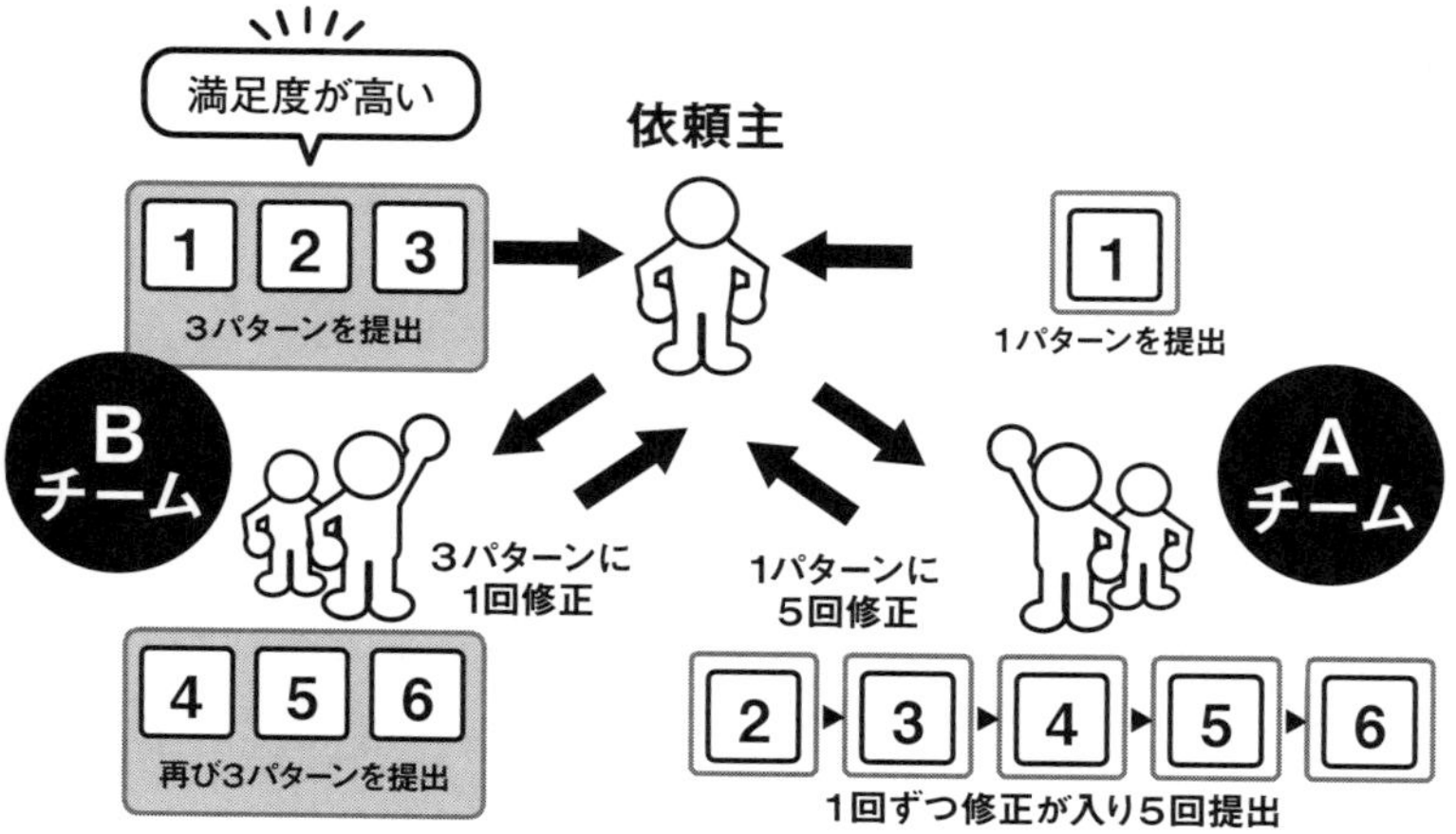

結果、作るパターンはどちらも同じ6パターンだけど、依頼主もデザイナーも仕事の満足度が高かったのはBチームの方で、でき上がったバナーのクリック数もBチームの方が高かったという。（参考　カリフォルニア大学・サンディエゴ校スティーヴン・P・ダウの実験）

この実験から言えることは、1案出すよりも、複数の案を出した方が、依頼する側も提案する側も円滑に仕事が進み、結果的にもよい成果が生まれやすい可能性がある、ということだ。

円滑に進む手段として有効ならなんの問題もないので、この実験結果を知ってからは安心してたくさんデザイン案を出すようになった（さすがに20案出すというのは、やりすぎな気もするけど）。

そして実際の反応としては、1番目に作った案か、送る直前にダメ押しで作った最後の案が選ばれる傾向が高い。

つまり「気を抜いて作った案」の方が採用率が高い。ならば途中のがんばりは無駄なのでは？　と思うかもしれないが、もちろんそんなことはない。

プロセスのすべてが重要なのだ。自分の作っているものに対して疑問の目を向け続け、

ああでもない、こうでもないという試行錯誤を繰り返すことこそが、新しいなにかを生み出してくれる。少なくともわたしはそう信じている。

そんなわけで、勢いで作った案が採用されやすく、次いで、ものすごく作り込んだ案が採用されることもあるが、ときどき「え!? それ？」というまさに捨て案だと思っていたものが採用されることもある。

それが本としてできあがると、当然なんだか自分としては変な違和感が残る。

ただ面白いのは、意外とそういう本がベストセラーになったりすることだ。

するとその「違和感」だと思っていたものが、次から新しいデザインのヒントになったりする。

そうやって自分の中の感覚も変わっていく。

なにが正解か本当にわからない。だから決めつけてものを見ず、たくさん可能性を試すようにしている。

数を出せば、満足度が上がる

時間を活かすために
ひらめきを待たずに手を動かす

「ひらめきの神様なんてどこにもいない」

だから、突然降りてくるようなことはない。そう思う。

「どうやってひらめくんですか？」

デザインについて聞かれたとき、たいていこう答えている。

「いや、ひらめいたことがないんですよね」

本当に、ひらめいたことがないからだ。

いや、ひらめきがまったくないわけではない。たぶんある。

だけど「ひらめき」が先にあるわけではなく、ひらめくために必死にあがいている。

「ひらめき」をたぐり寄せるために、泥臭くひたすら吐き出し続けている。

じっと目を閉じ腕を組み考え抜いて、「よし！　ひらめいた」みたいな、暴れはっちゃく（年代！）的なひらめきを経験したことがない。

わたしの場合、**「ひらめき」は待っていても降ってこないもの**だと思っている。

「ひらめき」は降ってくるものではなく掘り起こすもの。そのために、ひたすら手と頭を動かす。

まずは情報をたくさん入れる。ふだんからあらゆるものを見るようにする。映画もアニメもドラマも見る。マンガも本も読む。美術展にも写真展にも行く。本屋にも定期的に通う。

さらに打ち合わせのときに、デザインに必要な情報をできるだけ集める。どんな本なのか、どこを目立たせたいのか、ビジュアルを入れたいか、文字だけの方がいいか、誰に売りたいのか、難しく見せたいのか、簡単に見せたいのか、本屋のどこに置きたいのか、色のイメージはあるか。

あとは役に立つ立たない関係なく、情報は入れられるだけ入れる。具体的なデザインのイメージは最初はあまり考えず、とにかく打ち合わせのあとは、入れるだけの状態にする。

入れた情報をいったん寝かせる。

そして翌朝一度、カタチにする。

ここで入れた情報を、一回吐き出してみる。

まずは文字を置くだけ置いてみる。

本当に置くだけ。ただ置くだけと思っていても、なんらかのデザインがはじまる。

横に置くのか、縦に置くのか、どこで区切るのか、大きさはどうするのか、考えていくうちに次第に形になっていく。

打ち合わせのメモはあまり読み返したりはせず、一晩寝かせて覚えている範囲のことを思い出しながら、とにかく手を動かし、一回、出し尽くせるまで出し尽くす。

そうやってとにかく一回完成させ、これでいいかなというところまで作り上げる。

一回作り上げたら、一回寝かせる。

数日、寝かして作ったものを見る。すると自分の作ったものが新鮮に見える。

全然ダメだと思うときと、なかなかいいじゃんと思うときがあるが、どっちにしろ手を入れる。

打ち合わせのときに書いたメモを読み返したり、参考になりそうだと思ってストックしておいた資料を見たり、一回目とは違うアプローチで向き合う。

まずは小さく手を入れていく。文字の大きさを変えたり、順番を入れ替えたり、パーツの形を変えてみたり。

手を動かすことで、思考がまた動き出す。

そうやって最初は思いつかなかった方向性のデザインパターンを考えていく。

そしてまた「いいじゃん」と思えるものを完成させたら、また寝かせる。

この作業を何度も繰り返し、完成に近づけていく。

少しずつやり方を変えながら、いまはこの方法に落ち着いている。

やっていることは、本当に泥臭い。

ひたすら手を動かす時間と、そこから離れる時間を繰り返すことで、「ひらめき」をたぐりよせている。


文章を書くこともまったく同じだった。

とにかくまずは不完全でも書いてみて、寝かして、また書き直す。

その繰り返しが、ひらめきを連れてきてくれる。

ひらめきは自分の中の深いところに眠っている。

その土壌を作るのが大量のインプットだ。

ひたすら見る。ひたすら読む。質も大事だし、質を高めるにはやはりインプットの量が必要だ。だから、インプットの時間を習慣として絶やさないようにする。

デザインした時間を使って、自分の中の層を厚くしていくのだ。

ひらめきをたぐりよせるのは、大量の作業とインプット

時間を活かすために
出し惜しみをせずに出す

ひとつの仕事にアイデアのすべてを注いでしまったら「なんかもったいない」かも。

以前は、そう考えることがあった。

作業をしている最中に、ふと斬新なデザインのアイデアが浮かんだ。

どうしよう。

すでに、自分なりに合格点を出せるデザインは作れている。

この仕事で使うのはもったいない。このアイデアは別の仕事で使おう。

どこかで使おう。いつか使おう。そう思ってそのアイデアをストックしたこともある。

でもそういうアイデアはいずれも、結局、使わないまま消えていった。

出し惜しみしたアイデアに、もう一度使うチャンスが巡ってきたことは、ほとんどない。

少なくともわたしの場合はそうだ。

出し尽くしたら、もったいない。いつかアイデアが枯れるかもしれないから、とっておこう。

そういうアイデアは別のところで使おうと思っても、なかなかうまくいかないものだ。だから「わき上がったアイデアを使うのは、わき上がったそのときしかない」と思っている。

思いついたアイデアは、出せるだけ出し切ってしまう。

それがもったいないか、というとじつはそうでもない。

出し切ってしまった方が、次のアイデアが生まれやすいからだ。

呼吸と同じかもしれない。まずは吐くことだけを意識して、吐き切ると、自然と深く吸い込める。アイデアも吐き切ることによって、アウトプットとインプットの自然な循環が生まれるのかもしれない。

小説家のアニー・ディラードが書いた『本を書く』(アニー・ディラード:著　柳沢由実子:訳／田畑書店／2022年刊)という本にもこんな一節があった。

「書くことについて私が知っているわずかなことの一つに、一回一回、すぐに使い尽くせ、打ち落とせ、弄べ、失え、ということがある。本の後のほうで、または別の本で使おうと思うな、取っておくな、ということだ。出すのだ。すべてを出し切るのだ。いますぐに。」

アイデアは出し切ると、新たに生まれる

時間を活かすために
あえて遠回りする

移動のとき、気がつくといつも遠回りばかりしている。

あえて遠回りしていると言ってもいい。

それがすごく大事なことだと思っているからだ。

特に初めて訪れる会社へ向かうときなど、地図を見ないで目的地をめざして歩き、あえて迷子になってみる、ということをたまにやる。

目的地まであえて遠回りして、道に迷う。**迷ってみると意外な出会いがある。**思わぬところに思わぬものを見つけたりする。

道に迷うことを見越して30分ほど早く最寄りの駅に着くようにしているが、そろそろまずいなってところで地図を見る。

すると知らない場所が、ちょっと知っている場所に変化する。打ち合わせのときに「この近所にこんなものを見つけて……」なんて会話の糸口にもなる。

組み立てが必要なものをマニュアルを見ないで作ってみる、ということもする。

勘だけでやってみて、まず失敗してみる。

うまく作れなくてもすぐにググったりせず、仕組みを自分なりに考えながら、組み立て直してみる。

複雑なものは無理だけど、簡単なものなら仕組みが理解できたりする。

たとえば通販で買った「すだれの巻き上げ機」をマニュアルを見ないで組み立ててみたことがある。

見事に失敗した。で、それをああでもないこうでもないとやり直していくうちに、すだれの巻き上げ機がどうやってできているのか、その仕組みを理解することができた。

単純な器具とヒモが一本ついているだけのシンプルな装置だ。なのに、ヒモを左に引くとすだれが落ちて、右に引くとストップがかかる、そのための仕組みがとてもよくできていて驚いた。マニュアルの通りに作っても、おそらくその仕組みには気づけない。

自分で間違えて、仕組みを考えながら組み立ててみないとできない発見だ。

デザインも同じ。

まず最初に、本のコンセプトと正反対のデザインを作ってみたりする。

あるいはいちどオーダー通りに作ってみてから、あえて逆のものを作ることもある。

遠回りするっていうのは、あえて間違えてみる、あえて道に迷ってみるっていうことだ。

迷うことで見えてくるものがある。

『京大式DEEP THINKING』（川上浩司／サンマーク出版／2017年刊）にこんなことが書いてあった。


「行きつ戻りつしたり、一直線にたどり着かずにグルグル同じ場所を回ったり、時には道を間違えたり、遠回りをすること。それが『深く考える』ということである。そんな行為そのものに、『自分だけのユニーク』を見つけるヒントが隠されている。」


あえて道に迷うことで、深くそのことについて考える。

そして「自分だけのユニークさ」を意外なところに発見する。

簡単にできることも、あえて遠回りすることで、簡単ではなくなる。

それが仕事を飽きずに続けていく秘訣だと思っている。

道に迷ってみないと、見えないものがある

時間を活かすために

仕事を簡単に断らない

時間をデザインするのはなんのためか。

端的にいうと仕事の量を増やすためだ。

フリーランスにとっては、仕事の量は収入に結びつく。

もちろん、それだけではない部分もあるけど、シンプルに考えると、仕事が増えれば、その分収入は増えていく。だから仕事が増えるのは嬉しいことである。

もともと「仕事を減らしたくない」ことから、わたしの「時間のデザイン」ははじまっている。

なので「仕事の総量」をコントロールすることはとても大切だ。

誰か他にスタッフがいて、仕事量のコントロールをしてくれるならいいのだけど、全部1人でやっているので、どの依頼を受けて、どれを断るのかという判断も全部自分でやらないといけない。

無理して引き受けすぎて身体を壊すのがいちばん怖い。代わりにやってくれる人はいないからだ。そして仕事に穴を空けたら、たぶん仕事が二度と来なくなる。

なので、現実的に無理のないスケジュールを立てるしかない。

しかしまったく無理しないで、仕事をセーブするとなると、今度は断らなくてはいけない仕事が増えていく。仕事を断り続けるとやっぱり仕事は来なくなる。これは以前、身をもって経験した。

解放されたい一心で「やったー！　全部の仕事が終わったー！」なんて残り仕事ゼロの状態を長い期間作ってしまったら、それはようするに失業、つまりフリーランスではなくただのフリーなだけの人になってしまう。

抱えている仕事の数が多すぎると頭が痛いし、少なすぎると心を病む。

なので、つねに一定量の仕事は入れておく必要がある一方、キャパを超えすぎないように調整する必要もある。

仕事を断る基準。これが難しい。


できるだけ仕事は断りたくない。

せっかく頼んでくださったのに断るというのは申し訳ない。

だから基本は断らないことにしている。

ただやみくもに全部受けてしまうと、あっという間にパンク状態になる（いつまでこの状態が続くかわからないが、少なくともいまはそうだ）。

だから仕事を受けるルールを決めた。

まず仕事の総量を決める。

いまは抱えている（終わってない）仕事の総量が、目安として35件くらいになるようにキープしている。

抱えている仕事量の総量は、前章で説明したようにメールの件数によって可視化されている。

いま進行中のメールを一通だけトップ画面に残してあるので、だいたいそれが35通くらいでキープされていれば、通常の忙しさ。ほどよい状態と考える。

20件台に減ってきたら、積極的に仕事を受ける状態。

きた仕事はじゃんじゃん受ける。

40件になってきたら、ちょっと忙しいアラートの点灯と考える。

あまり受けすぎると危険。

50件を超えたら、よほどのことがないと新規の仕事は受けられない状態。

これ以上は受けたら危険だからよく考えよう。

その上で「打ち合わせは週に〇本まで」という限界値のルールを決めておく。

仕事の総量と直近で入ってくる仕事量を見て、限界値を超えてしまいそうな依頼については、断るのではなく「〇日以降の打ち合わせでよければお受けできます」という提案をする。

その提案に先方が合わせてくれるなら、多少無理してでも引き受ける。

難しい場合は「残念ですがまたの機会に」となる。

限界値を決めて、それを超えたら、できる範囲のスケジュールを提案する。

もちろん仕事量が完全にパンクしているときは断ることもあるけど、できるだけそうならないように調整している。

ちなみに好き嫌いで仕事を選ぶことはしていない。

受けるか受けないかは、基本的に「やりたい」「やりたくない」ではなく、依頼が早かったかどうかの順番で決めている。

もちろん例外はある。

どんなに忙しくても「この仕事は受ける」という仕事もある。

そのときは無理してでもやる。

でも基本的にはルールに従う。
限界値のルールを決めておくと迷いが生じない。
その数字に淡々と従うのが、肉体的にも精神的にもいちばん負担が少ない。
基本は仕事を増やす方向、毎年少しずつ伸びしろを広げる方向で考えている。
増やせるものなら多少無理してでもキャパを増やしていきたい。
だって減らすのは簡単だもん。
断ればいいんだから。

いかに減らすかより、いかに調整するか

時間を活かすために

どうしても「ない」時間は朝に作る

もうスケジュールがパツンパツンで身動きが取れない。

でもどうしてもやりたい！　あるいはやらなきゃいけない！

そんな仕事が来たらどうするか。しかも「大きな仕事」だ。

「無理です」と答えればなにも問題はない。

でもどうにかできないか一度考える。「ない時間」を作ることはできないか。

そのためにはどうするか。

「ない時間」は「朝に作る」しかない。

無理して受けた「大きな仕事」は、こんなふうにやっている。

まず仕事には締め切りがある。

そこから逆算して、「毎日これだけの量を終わらせればいい」という一日あたりの分量を考える。

その分量に「ちょい足し」したくらいの量を毎日のノルマにする。

ちょい足しするのは、締め切りよりは早く終わらせるため。

残った日数を手直しの時間にする。

締め切りまでの日数によるけど、大きな山を小分けにして、できるだけ毎日の負担を減らす。

締め切りまで余裕がある仕事なら、1日30分くらいに細かく分けるのがいいと思う。

余裕がなければ1~2時間くらいのノルマにする。

そしてそのノルマに、「1日の仕事のいちばん最初」に取りかかることにする。

つまり1章で紹介した「朝イチ・コンプリートタスク」で真っ先にやるのが、この「大きな仕事を切り分けた一日あたりのノルマ」だ。

切り分けたタスクが30分なら、30分早く起きる。1時間なら1時間の早起き。

そして仕事の開始時間を早め、切り分けたタスクを終わらせてから、通常通りのいつもの仕事をはじめる。これを毎日欠かさずにやる。

「ゴールから逆算する」
「小さなノルマを自分で決める」
「そのノルマの分だけ早起きする」
「毎日もれなくやる」

こうやって大きな山を少しずつ登っていく。

増えた分の仕事を、早起きしてやることによって、「もともとなかった時間」「通常の1日とは別の時間」を作り出す。

時間をデザインすることで、大きな仕事に取り組むための時間を生み出す。

そこそこ時間のかかる仕事は、このやり方で攻略している。

めちゃくちゃ基本的で当たり前のことだと思うけど、こういうルールを作っておくと、忙しくて大変な状況でも、ウエイトの大きな仕事を受ける時間を作り出すことができる。

朝イチは別の時間

時間を活かすために

苦しいときは修行と思う

自分のペースで仕事をしたい？　ペースなんて保とうと思って、保てるものではない。

どんなに自分のペースでやろうと思っていても、やることが次々と増えて、あっという間に積み上がって、どうにもならなくなるときがある。

終わりが見えなくなり、絶望感でいっぱいになる。

頭がヒリヒリしてくる。ストレスがピークに達して、悲鳴をあげて倒れそうになる。

そんなときは**「修行」と思う**ようにしている。

「ここでのふんばりが、自分のキャパを広げるチャンスになる」

マンガ『ドラゴンボール』の中で、悟空がナメック星に向かう宇宙船の中でやった修行のようなイメージ。

宇宙船の中の重力がどんどん上がることで、体にものすごい負荷がかかっていく。最初は思うように動けないけど、そのうち自由に動けるようになっていく。

10倍、50倍という重力にも慣れていって、最後は100倍の重力でも自由に動けるようになる。100倍の重力から、通常の重力に戻るとトンデモない力が身についている。

仕事の量が増えすぎてキツいときって、この修行のイメージに似ている。

うわ〜キツいな、これはダメかも、乗り越えられないかも。この状態を重ねていくことで、徐々に自分のキャパが広がっているというイメージだ。

実際、忙しさが通常の状態に戻ると、以前よりも仕事に余裕を感じられている。

もっと量をこなせるようになっているし、量をこなすことで質も上がっている。

だから仕事がキャパオーバーして、「うわーーキツい」って状態がきたら、「よし！　負荷がかかりまくってる。これ

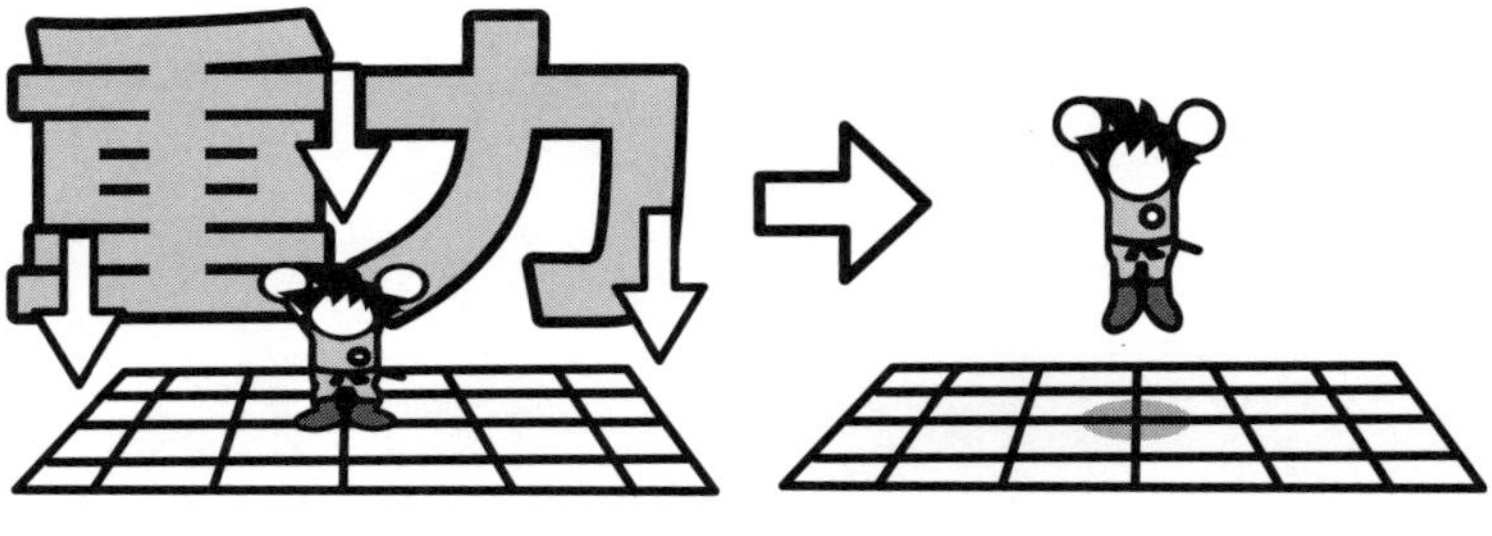

は修行のチャンス！」と思うようにしている。

いまは大変だとしても、ここさえ乗り切ったら、次にこの状態がきても楽に乗り越えられる。いつかスーパーサイヤ人になってるかもしれない。

そのためにはクリリンが犠牲にならないとダメだけど……。

負荷を乗り越えると強くなっている

時間を活かすために
雑用をクリエイティブにこなす

仕事の大半は雑用だ。

請求書を書く、支払いの確認をする、終わった仕事をすぐにリスト化する、お礼のメールを書く、領収書の整理をする、契約書など必要な書類を送り返す、郵便物を梱包する、お店の予約をする、デスク回りを片づける、掃除をする……仕事に関係することだけでも雑用は毎日いっぱいある。山のようにある。

フリーランスでひとりで仕事しているので、こういうあらゆる小さいことを全部ひとりでやっているが、リストにして数えてみたら仕事の大半は雑用と言っていいかもしれない。

一見どうでもよさそうなことばかりだ。

けど、やっぱり思う。

雑用、大事！

本当に、雑用大事！

大切なことだから2回言ってみた。

仕事の神様は細部に宿るというけど、一つひとつの雑用をいかにしっかりていねいにできているかが、長い目で見たらすごく大事になってくる。

請求書を書くときに手書きのお礼状を添える。

送り返す荷物の梱包をていねいにやる。大切な書類は書留で送る。

郵便を送り返すとき、「行」を「御中」か「様」に書き換える。

こういう小さな雑用の一つひとつをきちんとやる。

どのくらい小さなことに気配りができるか。雑用の大切なところはまさにそれだ。

たぶんすべての仕事は、小さい。

大きな仕事も小さな仕事の積み重ねでできている。

だから本当に小さいことをいかにていねいにできるか、いかにそこに目を配らせているか、どこまで細かいところまで気配りができているか、それが全体にとって大事になってくる。

雑用をていねいにやるということは、すべてのクリエイティブの基盤だと言ってもいい。

だから忙しくて大変なときほど、徹底して小さな雑用をしっかりやるようにしている。

これが集中力を生む上で、バカにならないほど大きな効果を生む。


脳科学者の茂木健一郎氏も『ＩＱも才能もぶっとばせ！　やり抜く脳の鍛え方』（茂木健一郎／学研プラス／２０１７年刊）の中で、やり抜く力を育てる上での雑用の有効性について「細かな雑用を粘り強く、精度高くこなすことで、どんなことでも持続して成果を出す脳の耐性ができる」と説いている。また、あれこれと雑用をこなすことは、脳に締め切り効果を生み出し、脳に心地よい緊張感を生み出すのだという。


正直、細かな雑用は面倒くさい。でもその面倒にどれだけ向き合えるかは、仕事へ向き合う姿勢にも通じ、仕事の集中力を生む上でとても大切ものだと思っている。

たとえば時間がない中でおこなう雑用は、短時間で終わらせるために、自然と的確な順番と効率性を考えて動くことになる。その中で「こうやったら、いいのでは？」というアイデアも生まれる。

それがよい息抜きにもなるし、なにより「片づく」「終わる」という達成感も味わえ、一石二鳥以上の効果がある。

『天才たちの日課』（メイソン・カリー：著　金原瑞人・石田文子：訳／フィルムアート社／2014年刊）によると、作家のヘミングウェイも執筆前にHBの鉛筆を20本削るという雑用をしていたらしい。

そして執筆に行き詰まったら、手紙の返信を書くことで気を紛らわせたという。それは「厳かに書かなければならない義務からの解放」なのだそうだ。

天才アインシュタインも、雑用が一切ない研究だけに没頭できる好環境にいたときは、逆に研究のための緊張感を欠いて、自分の能力を磨くことができなかったそうだ。

天才にも雑用は必要。

雑用には大いなる力が眠っているのかもしれない。

雑用には神が宿る

時間を活かすために
終わったらすぐはじめる

大きな仕事が終わる。大きな達成感がある。

仕事をする最大の喜びって「終わった！」という達成感だと思う。

わたしの仕事「本のデザイン」は、受注によってはじまる仕事なので、目標は一つひとつの仕事を的確に終わらせていくことだ。

順調に終わる仕事もあれば、なかなか大変な仕事もある。気がついたら終わってたような軽い仕事もあれば、死ぬほど大変で何年もかかるような重い仕事もある。

大変だった仕事ほど、終わったときの達成感がハンパない。もうその嬉しさたるや、天国への直行便、そのままなにもしたくなくなるほどの解放感に包まれる。

最近で言えば自分の本だ。本を書くことは、はじめてのことで大きなミッションだった。とてもとても大変だった。毎日少しずつ書いていき、最後は毎日のように読んで書き直した。

そして自分でデザインもした。すべてのページのデザインを自分で担当した。

ページに文字を入れて、デザインしながら、文字直しをして、文章を書き足したり、削ったり、これ本当に終わりがあるの？　というくらいひたすら作業をし続けた。ふだんはデザインの仕事でもそんな細かい作業までは担当しない。とにかく大変な仕事量だった。

そんな仕事だって、いつかは終わる。

ひたすら毎日向き合って約半年。通常の仕事もしながら、自分の本も作るという生活を続け、それが終わったときのやり切った感はハンパなかった。

いや、もうとんでもなくすごかった。言葉にできないほどのとてつもない達成感を味わった。

やり切った！　この感覚を存分に味わった。

でも次のステップをすぐに踏んだ。

次の本のことを考えて、毎日「書く」という習慣を本を書き上げたあともコツコツ続けた。

「書く」という習慣を一度でも途絶えさせてしまうと、取り戻すことが困難になると思ったからだ。

もともと書くことは苦手だったし、好きではないことだった。

だから少しでも時間を空けてしまうと、また「書く」ことに向き合うのに相当なやる気が必要になってしまう。

だから1冊目の本が手を離れても手を止めなかった。

マジメで勤勉だから、コツコツ続けるのではない。

むしろ逆だ。自分が不真面目で、人一倍やる気がない人間だと知っているから、小さく続けるのだ。

小さく積み重ねて、途切れないように続けていく。

そして1年経ったいまも毎日書いている。途切れさせなかったら、続いている。

終わったーという達成感のまま立ち止まると、たぶんそこで本当に終わった気がする。

火が消えてしまう。

たき火は一度消えてしまうと、また燃やすのが困難になる。

大事なのは、種火を絶やさないことだ。

だからひとつ終わったら、小さく次のステップを踏んでおく。

達成をかみしめながら、そのままフラットに走り出す。

無理せず続けていくには、やる気を出すより、達成のあとに少しでいいから向き合う時間を維持し続けることなんだと思う。

立ち止まらなければまだ走れる

時間を充実させるために

4章 なんでもやる

無駄なことをとことんやる

時間を充実させるために

なんでもやってみる

「時間をデザイン」するのは、人生を充実させるためだ。

そのためにわたしが心がけているのは、「なんでもやってみる」ということ。

時間を作るのは、「なんでもやってみる」「なんでも試してみる」ためと言っていい。

やることはくだらないことでもなんでもいいと思っている。

わたしにとっては「どうぶつの森」をやるための時間も、だらだらＳＮＳを見るための時間も、仕事をする時間も、読書の時間も、ひとしくどれも大事な「時間」だ。

わたしはあまり「これはやらない」という決めごとをしていない。

くだらないことでも面白そうだなと思ったら、なんでもやってみたいと思っている。

そのやりたいことをやるために時間を生み出している。

身体はひとつしかないので、本当になんでもやるというわけにはいかないけど、**本を読んで「これは試してみたい」と思うことがあれば、そのための時間を作るし、他人からおすすめされたこともなるべくやるようにしている。**

たとえば朝のルーティーンでやっている「SIXPAD」や「HIIT」といった筋トレは、人からおすすめされたことがきっかけで、いまでも続けていることだ。わたしにすすめてくれた人はもうやっていないと思う。

映画もこのジャンルは見ないというのがない。

コメディでもアクションでもドキュメンタリーでもなんでも見る。逆にいうと好きなジャンルというのもあまりない。面白ければなんでもいい。

ホラーは正直苦手だけど、面白いと評判を聞いたらできるだけ見に行く。見に行くと2分くらいで後悔するんだけど、それでも懲りずに行く。怖いのは大嫌いだけど、ホラー映画にはどうしたら人を怖がらせるかの手法が流行と共に変化していく面白さがあって、**その「時代の感覚」を見逃したくないので、見ないわけにはいかない**のだ。

アニメとかドラマも好き嫌いでは見ない。とりあえずなんでも見る。

毎日1冊ずつ読んでいる本もジャンルはバラバラ。小説でもビジネス書でも自己啓発書でも評論集でもエッセイでもなんでも読むようにしている。

そして本を読んでよさそうだなと思ったことは、とりあえず朝のルーティーンに組み込んで毎日やってみる。

それがChatGPTであれば、朝のルーティーンの中で「企画を深掘りするにはどう使ったらいい?」とか「もしかしたら小説のネタ出しとかの方が向いてる?」とか、やり方を考えながら使ってみる。

そうやってはじまった習慣がいくつもある。「毎日掃除をする」ようになったのも本の影響だ。もともと掃除は大嫌いだったが、あるとき「毎日掃除をするといい」ということが書いてある本を2冊立て続けに読んで、ならやってみるかと思ってはじめた。最初は週末に1分間だけみたいな小さな習慣からはじめたが、1年ほど毎日続けているうちに掃除が趣味に変わっていた。

短歌を毎日書く、という習慣も本に書いてあったことを実践したことだ。1年365日で365個、それ以降も毎日1首、短歌を作っている。

具体的には、まず1日1ページ読んでいる歌集から気になった短歌を書き出す。たとえばユキノ進の『冒険者たち』(ユキノ進/書肆侃侃房/2018年刊)という歌集。

「九階のベランダ越しの三人の影がおおきく手を振っている」

その日読んだページのこの歌がいいなと思って、メモに書き写した。

この歌を読んでわたしが思い出したのは夏休み、祖父の住む都内は代々木の団地に遊びに行った帰りに、祖父が窓から顔を出してずっと手を振って見送っている姿だ。

浮かんできた光景を自分なりに歌にしてみる。

「帰り道、団地の窓のじいちゃんがずっと手を振り見送る姿」

まず書いたのがこれ。ここから言葉を変えたり入れ替えたりして表現を変える。

「手を振って見えなくなるまで手を振って団地の窓で見送る祖父が」

さらにもう少し見える景色のディテールを変えてみる。

「手を振って見送る祖父がいつまでも見える坂道、夏の終わりに」

また少し違った表現になる。

2つ目の「手を振って見えなくなるまで手を振って団地の窓で見送る祖父が」

字余りしているけど、こちらの方が気持ちが見えていいような気がする。

これをこの日の歌に選んだ。

毎日歌集を読んで、自分で作る。それをただ繰り返している。

以前よりも説明が少し減って、余白を楽しめるようになった。

うまくなろうとはあまり考えてないが、続けていくと変化を感じるようにはなるものだ。

言葉の入れ替えをして、余白を考えたり、やはり短歌はデザインに似ている気がする。

そんなふうに、好き嫌い、やりたいやりたくない、をあまりなにも考えずに、とりあえずなんでもなんとなくやってみている。

そして**自分に合えば続け方を考えて続けるし、合わないことは自然にやめている。もともとあまり執着はしないので、やめたものはどうでもいいと思っている。**

はじめたことすら覚えていない、「やめたこと」がたぶんたくさんあると思う。

筋トレや掃除、毎日企画を一個考えるといった少し面倒なことから、毎日「どうぶつの森」をやるというめちゃくちゃどうでもいいことまで、なんでもはじめてずっと続けている。

「文章を書くことをしっかりしよう」と思ってｎｏｔｅをはじめたのも単なる気まぐれに近い。

コロナ禍で身動きが取れず、どうせ家に閉じこもってなきゃいけないなら、「文章を書く」という自分が苦手だと思っていることにとことん取り組んでみるか、くらいの感じではじめた。

やってみたらこれは人生でいちばんキツいミッションだった。ｎｏｔｅの投稿をすると決めた毎週月曜日は、最初の1年、本当の地獄だった。月曜が来るのがイヤすぎて、気が狂いそうなほど苦痛だった。

こんな1円にもならない無駄なこと、続けてなんになるのか、もうやめよう、今週までやって、来週はやめよう。今週だけやろう！　そう思って1年続け、2年続け、結局5年目も書き続けている。

4年目には本を出した。企画から考え、全部自分で書いた。

ただこれも「出版」をはじめから目標にしていたわけじゃない。ｎｏｔｅを続けていく中で、たまたまそうなっただけだ。


仕事に行き詰まったときにはダンスを踊りはじめた。

自分でも意味がわからなかったが、仕事に行き詰まっていたことの答えはダンスの中にあった。そして気がつけば壁を乗り越えていた。ダンスは仕事に大事なことをたくさん教えてくれた。

無駄に思えることというのは、じつはまったく無駄じゃない。

むしろ無駄なことをやったおかげで、自分はこれまで救われてきた。


そもそも、わたしの本業であるブックデザインだって「なんでもやってみた」ことでたまたまはじまった仕事だけど、もう20年以上わたしはデザイナーとして働いている。

もともとデザイナーになりたかったわけじゃない。

じつは仕事をはじめるまで、デザインというものがよくわかってなかった。

仕事になってみてはじめて、自分がやっていることが「デザイン」なんだとわかった。

きっかけは、バブルの弾けた90年代半ば、就職氷河期でろくに就職もできず、たまたまバイト先で知り合った先輩とはじめた「フリーペーパー」作りだった。

「フリーペーパー」なんて言っても、まったくかっこいいものじゃなくて、たまたま家にあったＭａｃで適当に作って、Ａ３の紙にプリンターで印刷して、手で折っただけの学級新聞のようなもの。

誰も作る人がいなかったので、仕方なくわたしが紙面を作った。単なる遊びの延長だ。やることがなにもなかったから、なんとなくやった。

正直、就職活動も仕事もしないで、こんな無駄なことやっててどうすんだろうと思っていた。

でもそのフリーペーパーを配って歩いていた先で、その当時できたばかりの若い出版社だったサンクチュアリ出版の社長・高橋歩氏と知り合った。

彼は20代でバーを何軒か経営していて、「自分の自伝」を出すために自分で出版社を立ち上げた、というぶっ飛んだ人物だった。出会いはわたしが作ったフリーペーパを置かせてもらうために、彼のやっている飲み屋を訪れたときだ。フリーペーパーを見た社長がこんなことを言ってきた。

「これMａｃで作ったの？　じゃ本のデザインもできるんじゃね？　頼める？」

まさか自分がやっていることが「デザイン」だとも思ってなかった。

ただ見よう見まねで作ったフリーペーパーだった。

でもどうやらわたしのやっていたことは「デザイン」だったらしい。

「デザイン」を頼まれた。

なんの役にも立たないと思っていたフリーペーパー作りが、その後20年以上も続く仕事のきっかけになったのだ。

無駄なことは決して無駄にならない

時間を充実させるために

まずは「やります！」と言ってみる

本のデザインやってみない？　という飲み屋での誘いに、反射的に「やります！」と答えた。

本のデザイン。もちろんやったことはなかった。というか、デザインがなにかすら、その瞬間までわかっていなかった。

それでも「やります！」と答えた。

やれないなら、やれるようになってしまえばいい。

もしできなかったら、そのときはそのときだ。

全力で謝る。たぶん殺されはしないだろう。

ただ「やる！」と言った手前、自分なりにやり方は考えてみた。

まずデザインソフトの入門書を買ってきた。

そこからスタートするわけだけど、当時はフォントがなにかもよく知らない。

印刷所の人に「Ｍａｃに最初から入っているフォントってあるんですか？」って

聞いたら、とても驚いた顔をされた。

最初から入っているフォントは、基本的に商用印刷ができない。

だからとりあえずフォントを買うしかなかった。プロが使うモリサワフォントは高くて買えなくて、ギリギリ手が届く範囲の印刷所で対応できるフォントを買った。

まわりにデザイナーの知り合いも、DTPをやっている人もいなかったので、頼れる存在は入門書1冊だけ。あとは、本屋に行って他の本も立ち読みしながら、本のサイズって何センチなんだろうとか、ページ数を下の方に入れるのが常識のようだけど、どうやって入れるんだろうとか、なにも知らないずぶの素人が、誰からも教わることもできず、ひとり家にこもって1ヵ月以上、ひたすら寝る間も惜しんで「本のデザイン」をしてみた。

すべてがはじめてのこと。単純になにかひとつできると嬉しくて、1ページできるだけで、わけのわからない叫び声をあげていた。一方で信じられないような失敗もいっぱいやらかした。ときどき作っていたデータが全部消えてしまったり。一文字修正したら行が壊れてページ全体がめちゃくちゃになってやり直しになったり。なにか失敗するたびに泣きながら修正してやり方を学んでいった。

わたしが担当するのは中面のデザインだ。表紙のデザインは別の名のあるデザイナーに頼む予定だと聞いていた。

本の表紙は本の顔。とても大切な部分である。ここで売り上げが大きく変わってくるから、腕のあるデザイナーにやってもらうべき仕事であることは間違いない。

ところがある日、社長の高橋歩氏がこう言い出した。

「これ、表紙のデザインもイノウエくんがやった方が熱くね？」

「そ、それは、さすがに……」と言いながら、心は歓喜していた。

やった！　表紙も作れる！

そのとき作っていた本はいわゆる名言集で、「20代を熱く生きた偉人たちの人生訓」に、高橋歩氏の解釈と人生を熱く生きるためのヒントを加えた、まさに熱気しかないような本だった。

「20代のための本だから、プロとかアマとか関係なく、全員20代で熱く作ろうぜ！」という想いがあったのかもしれない。

わたしは熱さとは無縁の学生時代を送ったけれど、たぶん生まれて初めてこのとき全力で熱を込めるということを知ったと思う。

結局、どうなったか。

『CROSSROAD 20代を熱く生きるためのバイブル』
（監修：SANCTUARY／サンクチュアリ出版／ 1997年）

やればなんとかなる。この一言に尽きた。

表紙には全力でジャンプするビジネスマンの写真を使った。

その写真は、いままでなにもやり切ったことがなかったわたしが、はじめてなにかを成しとげたそのときの気持ちそのものだった。

完成したときは、気持ちが爆発しそうだった。

表紙の写真そっくりに飛び上がりたかった。

もともと本のデザインは「得意だったこと」ではなく、仕事を引き受けた時点ではむしろ「できもしない」ことだった。

ある意味、「できます」と嘘をついて引き受けたような仕事だった。

最初は嘘だとしても、最後にそれを本当に変えてしまえばいい。

そのためには並大抵じゃない努力がいるかもしれない。

けど、そうやって動いた先に見たこともない景色がある。

はじめは誰だってできない。でも「できない」の先に「できる」はある。

それを変える方法は一つ、「やってみる」だ。

「できない」は「できる」に変えられる

時間を充実させるために

頼まれたらまずやってみる

50歳になったいまでも、20代のときと同じようなことをしている。

だいたい人から頼まれたら「イエス」とこたえる。そしてあとからどうするかを考える。

先日も人生ではじめてのことを頼まれた。

「セミナーで90分講義して欲しい」という。

やったことがないことを頼まれたら、たいていどうするかは決まっている。

考える前に「やります」と言っておく。できるかどうか考えたら、「無理」ってなっちゃうから。考えたら、できないもん。

たぶん、「やれない理由」ばかり考えて、お断りすることになる。

だからやるって答えてみてから、やり方を考える。

セミナーって、どうやってるんだろうって調べる。

そうかスライドを作ればいいのか、1枚のスライドにつき大体2分話せばいいのか、90分なら45枚分のコンテを作ればいいのか、というふうに考えた。

内容を考えるよりまず45枚のスライドを作ることにして、それから簡単な台本のようなものを考えていった。そうやって自分なりのやり方で準備をしてみる。それに尽きる。どれだけ準備していってもどうせ完璧にはできない。当日は緊張もするだろう。バタバタしたり言葉が飛んだりする姿が目に見えている。

けど、結局「なんだ、やればできるじゃん」という気持ちで終わる。

もちろん準備とか死ぬほど大変だし、やる前は「とんでもないこと引き受けちゃってどうしよう」って変な汗かいたり、眠れなかったり、そんなことばっかりなんだけど、終わってしまえば「できたじゃん」で終わってるし、大変だったけど楽しかったなって思えてる。

だいたい相手だって、わたしが絶対にできもしないことを、そもそも頼んでこないだろうとも思ってる。

だから「やったことないし、無理かも!?」って思ったら、「とりあえず一回やってみようか」でいいような気がしている。

ほんとに大変なんだけどね。

その「大変」が「楽しい」ってことなんだなって最近気がついた。

「楽しかったこと」は「大変だったこと」ばかり

時間を充実させるために

頼まれる前にやる

仕事って最初は小さな頼まれごとからはじまる。

いや、じつは頼まれてもいないことからはじまっているかもしれない。

仕事のきっかけになったフリーペーパーも頼まれる前にやっていた。

誰もやる人がいなかったから、わたしがやるしかなかった。

困りごととか面倒なことって、みんなだいたい「きっと誰かがやってくれるでしょ」って自分事として考えてなかったりする。

そういうところに仕事は眠っている。

高校を卒業して20年経ったときに、全クラス合同の同窓会というかなり大がかりなイベントをやることになった。

飲み会の席の数名で盛り上がった企画だった。「こんなものあったらいいな」「こういうことできないかな?」といくつもアイデアが出てきた。

飲み会で出たアイデアなんて、たいていアイデアのまま終わるのがオチだけど、幹事の一人として参加したわたしは、誰に頼まれるでもなくそれらを率先して作った。

専用ホームページを作ったり、同窓会通信（メルマガ）を作ったり、ＤＭをデザインしたり、全員の当時の写真入りの名札を作ったり、終了後には当日のイベントレポートも作った。

こんな面倒なこと「作って」と頼まれていたら断っていたかもしれない。

でも「あったら楽しそう」と思えたので、自発的に作った。

頼まれる前に、誰からも押しつけられたわけじゃなく作ったから、めちゃくちゃ忙しい中でも仕事の合間に楽しく作れたんだと思う。

作りながら思ったのは「これ、ふつうに仕事になるな」ということだった。

つまり「同窓会を盛り上げるパッケージ」として商品になると思ったのだ（実際に商品化はしなかったけど）。


面倒なことを積極的に、自発的にやってみる。

基本は頼まれる前にやって、それを超楽しむこと。

そういうなんでもないことから、仕事って生まれると思う。


わたしの仕事ももちろんはじめから順調だったわけじゃない。

フリーランスになりたてのころは、お店の小さなチラシだったり、書店向けにファックスする注文書のデザインだったり、あるいはデザインとは関係のない雑用のような頼まれごともたくさんあった。

でもそういう小さいことを損得考えずに……どちらかというと骨折り損するくらいに考えて、120%の力でそれぞれに取り組んでみた。

ひとつ小さなものを頼まれたら、ついでにこんなのも作ってみましたと、頼まれてもいないこともやってみた。

やりすぎるくらいやってみた。頼まれたことを、頼まれた以上にやった。頼まれることがなければ、まだ頼まれていないことをやった。

誰かの小さな困ったを全力で解決していくうちに、仕事ってはじまっていく気がする。

いまはそんなのんきな時代じゃないのかもしれないけど、どれだけ時代が変わったとしても、その点はあまり変わっていないと思っている。

小さな「困った」を真剣に解決すると仕事になる

時間を充実させるために
頼む前に自分でやってみる

なんでもひとまず自分でやってみるようにしている。

自分に向いているもの、向いてないもの、いろいろあると思う。

全部やるのは不可能かもしれないが、**人に頼む前になるべく自分でやってみる**ようにしている。

たとえばYouTubeの動画投稿。自分が踊ったダンス動画を公開するとき、タイトルを入れる、映像と音楽を合わせる、マネした元の映像をワイプ画面で表示させる……など動画の編集を一通り自分でやってみた。年末のいちばん忙しい時期にとりかかった。本業でもなんでもない。時間がかかるだけの作業。

人にお願いすれば早い。たぶんそうなんだろう。でも自分でやってみたら、なんとかなる。まる一日使ってしまったけど、動画編集の基礎はなんとなく学べた。

音声配信の編集も自分でやってみる。音楽の素材を編集してループ用のBGMを作ってみたり、パートごとの音量を調整してみたりするなど、数時間で使い方をなんとなく覚えた。一度覚えてしまえばあとは楽だ。毎回少し編集の時間はかかるけど、ちょっとした手間さえかければ自分のタイミングで録音して、編集して、公開できる。

人に頼むとその分、自分ではコントロールできない時間が増えてしまう。だからプロや専門の人に頼めば簡単に終わるような、ちょっと面倒なことをまずは自分でやってみることにしている。

そんなことやっていたら、無駄にやることが増えていくだけだと感じる人もいるかもしれない。

でも、わたしは **「やることが増える」** ではなく **「できることが増える」** と考えている。

なんでも人にお願いしてしまうと、いまの仕事でうまくいってるときはいいけれど、もしそうでなくなったときになにもできなくなってしまう。

やることを増やすのは、スキルを一個増やすためのイベントだ。

もちろん本当に全部自分でやるのは不可能だと思うけど、最終的に小さな自分だけの存在になったときに、ひとりでもなんでもできるくらいのスキルを身につけておく。

意外にそれって大事なことなんじゃないかなと思う。

頼らなければスキルが増える

無駄をとことんやるための習慣5

面白くないことはコンテンツ化する

あまり気が乗らないことがあるだろう。わたしにもある。

たとえば某出版社のスタッフブログだ（昔からの縁でスタッフとして参加している）。

毎回、なに書けばいいの？　その都度考えるのはけっこう面倒くさいことだ。

なんでもいいから書けばいいんだろうけど、それだとまったく楽しくない。

「なんでもいいこと」って、けっこう書けないものだ。

「昨日、歩いててタンポポの花を見つけました！」ってタンポポの写真を投稿したとする。

もうひとりの自分が「だから？」って思ってしまう。生まれて初めてタンポポを見たというなら別だけど。

そこであるときちょっとやり方を変えてみた。

きっかけは「立ち食いそば」を食べてその写真を投稿したこと。

ものすごく久しぶりに、たぶん30年ぶりくらいに、横浜の西口駅前にある「鈴一」という立ち食いそば屋に寄る機会があった。

30年前から変わらずプレハブみたいな店なんだけど、たたずまいは昔のままで、あいかわらず客でごったがえしている。

そこで久しぶりにそばを食べて写真を1枚撮り、その写真をスタッフブログに載せて、立ち食いそばの思い出を書いてみた。

その瞬間「あ、これだな」と思った。

別になにか反響があったわけじゃない。でも「毎回立ち食いそばについて書く」というようにコンテンツを絞ると、いちいちテーマを考えなくて済みそうだと思った。

それからはずっと「立ち食いそば」についての投稿を続けている。

テーマを決めてコンテンツ化することで、前まで億劫《おっくう》だったスタッフブログが格段に書きやすくなった。

それだけじゃない。

「立ち食いそば探訪」という新たな趣味が人生に加わり、その日から意識的に「立ち食いそば」を食べるようになった。以前は、どちらかというと「仕方なくこれで済ませる」といった、**消極的な選択として食べていた立ち食いそばの存在が変わった。**

「あえて」探して行くものになった。

仕事でどこかへ出かけるときは、知らない立ち食いそばの店を探すようになった。

千葉にラジオ収録に行ったときなどは、知らない駅まで電車を3本を乗り継いで、1時間かけて立ち食いそばを食べに行った。

「仕方なく」食べてたものが、「わざわざ」電車を乗り継いで行く場所に格上げされた。

次はどこの駅でそば屋を見つけようか……ちょっとわくわくしている自分がいる。

「コンテンツ化」したことで、つまらないことが面白いことに変わった。

これだって極めていけば、なにかの仕事に結びつく可能性だってある。

なにごとも考え方ひとつで世界が変わるのだ。

コンテンツ化すれば、つまらないことも楽しくなる

某出版社の
スタッフブログ
▼

時間を充実させるために

「遊び心」でテンションを上げる

あえて面倒なことをする。

そういう「遊び」が大事だなって日ごろから思っている。

いまいちテンションが上がらないことをやるとき、心を振るい立たせるのが「遊び心」だ。

たとえばわたしのｎｏｔｅ。

わたしがやっている「仕事のスケジュール管理」について書いた投稿がある。

つねに40件くらい同時進行している仕事をどうやって管理して、どうタスクを処理して、どうやってモレなく締め切りを守っているのか、支払いの管理などをどのようにしているのかを詳しく説明している記事だ。

この記事については「書いて欲しい」というリクエストをもらったので書くことにしたんだけど……これがものすごく面倒だった。面倒なのは書く前からわかっていたので、全然やりたいことではなかった。

たとえばスケジュールはメールのトップ画面で管理している。

このことについて解説するとなると、仕事の実例を見せないといけなくなる。

でも、実際のメール画面やメモ帳を見せるわけにはいかない。

ということはつまり、解説をするための架空のメール画面やメモ帳の画像を用意しないといけない。

実際のスケジュールの進行や、仕事の管理も見せるわけにもいけないので、架空の案件を作る必要がある。

ふつうに解説するのだけでも面倒なのに、架空の画像や架空の文面も考えないといけないし、その画像を一つずつ作成していかないといけない……。

ああ、めんどくせーー。やりたくねーー。やめようかな……。でも書くって言っちゃったし……。

どうやったらテンションが上がるか……？　どうしたら楽しんでできるか……？

考え抜いた末に、導き出した回答が、

「そうだ、『美味しんぼ』にしよう」

だった。

自分でもよくわからない。

でも、『美味しんぼ』（雁屋哲：作　花咲アキラ：画／小学館）が降ってきた。

『美味しんぼ』、言わずと知れた日本を代表する料理マンガの金字塔的な作品だ。料理マンガであるだけではなく、マスコミ業界を描いたお仕事マンガでもある。東西新聞という、出版にも関係しているメディア（新聞社）が舞台だし、しかも登場人物がいずれも個性的でパロディにしやすい。

これを解説の「例」として使おう。メールの実例や仕事の進行を、すべて『美味しんぼ』世界で起きているものとして作るのだ。

わたしは東西新聞とも取引をしているデザイナーという設定。メール画面で、送信してきている相手は、マンガの登場人物、主人公の山岡史郎、栗田ゆう子をはじめ、谷村秀夫など美味しんぼの登場人物たちだ。

架空の世界で仕事をしているわたしのPC画面も作り込み、そこには架空の「美味しんぼ」世界の仕事フォルダがある。デザインの仕事の進行を見せるために、架空の本もデザインし、それをチラ見せする。はっきり言って「誰が気づくの？」というレベルだ。実際はスケジュール管理の図解がメインなので、作り込んだ部分のほとんどは目に入らない。なにを無駄なことをしてるんだろう……と思いながら、この作業がめちゃくちゃ楽しかった。

面倒くさ！　としか思ってなかった記事に、さらに面倒くさい遊び心を加えたことで、

「面倒」と「面倒」が化学反応を起こし、「楽しいこと」になっていた。

さすがに時間は限られていたので、１００％『美味しんぼ』の世界を再現できたとは言えない。

でも書いていて楽しかった。すごくわくわくしながら書いた。

そして偶然その投稿を見つけてくれた『美味しんぼ』ファンの人からＳＮＳでコメントもいただいたりして、かなり嬉しかった。

「遊び心」という面倒くささには、物事を逆転させる効果があるのだ。

昔雑誌のデザインの仕事をしていたときも、まだ内容が確定してないスペース、ふ

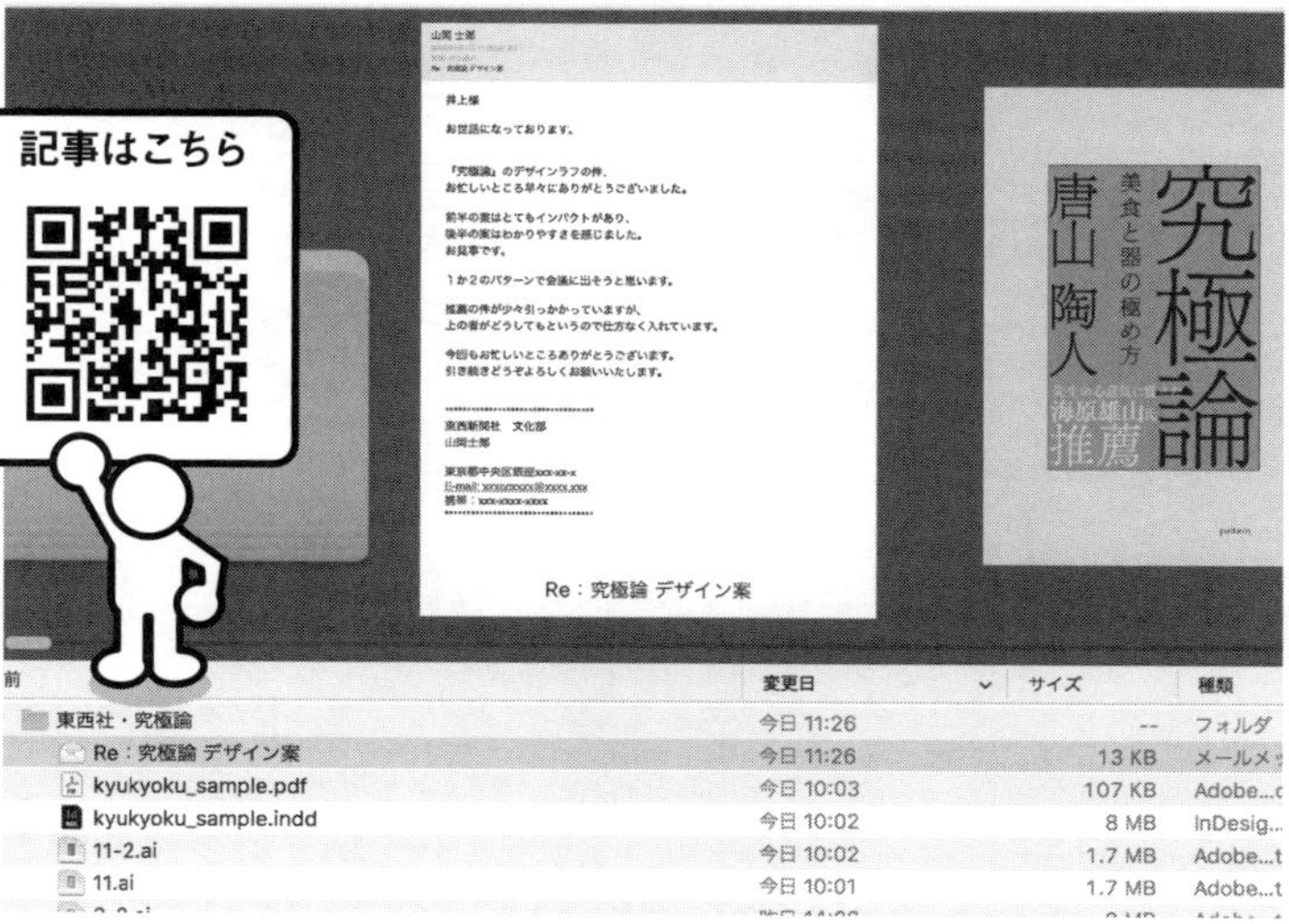

つうなら文字数だけ確認するために「あああああ」などといった文字を流すべきところに、適当な記事を書いてみたり、存在しない本の装丁を作ってダミー代わりに入れてみたりして遊んでいたことがある。

混乱するからやめてくれと、少し怒られた気もするけど、そういう遊び心のおかげで徹夜続きだった雑誌の仕事も案外楽しくやれていた。

つまらない単純作業だってそうだ。脳内でいろいろ妄想して、自分でタイムリミットを決めて、スマホゲームで遊ぶようにやってみれば楽しい。

「つまらないこと」を「楽しいこと」に変えるのって、そういうちょっとした遊び心なんだと思う。

そして遊び心を加えると、ご機嫌に仕事ができる。

だからあえて面倒なことをする心の余裕を持つ。これはとても大事なことだ。

面倒に面倒を加えると楽しくなる

時間を充実させるために

スキマの時間を見つける

わたしの場合、忙しいとき、「時間がない」と思っているときの方が、なんだか新しいことをはじめている。

ずっと気になっていて、「いつか暇になったらやろう」と思ってることがあっても、実際、いざ本当に暇な時間がやってくると、「なんかいまじゃないかも」って先送りしがちだ。

時間にゆとりがある中で、「やる！」と言って、重い腰を上げるのは難しい。

でも、時間がない中で「どうにかやれそうな時間」を見つけるのは意外に簡単だったりする。

「いっぱい時間がある」ときより「ここしか時間がない」と思う方が人は行動しやすい。

だいたい「まとまった時間ができたらはじめよう」なんて思っても、まとまった時間なんて永久にやってこない。そんなものを待っていたらなにもしないまま1年くらい平気で過ぎる。

たぶんそこそこまとまった時間ができても、「やる気」のスイッチを押すのは難しい。

人ってそんなもののような気がする。

だから、「ちょっとやってみたい」ことがあったら、あえて忙しいときにはじめる。

忙しいときの方が、じつは時間を見つけやすい。

サブスクで膨大に見られる映画があると、なにを見ていいのか迷ってしまって、選べなくて困ってしまうけど、テレビで放映している映画ならすんなり「それ見てみよう」と決めやすい。

それに似ている。

「たくさんある」より「あまりない」、つまり選択肢が少ない方が人は探しやすいし、決めやすいのだ。

だから「ああ、時間ないのになにやってんだろう」ってときが、じつはいちばんなにか新しいことをはじめるチャンスだったりする。

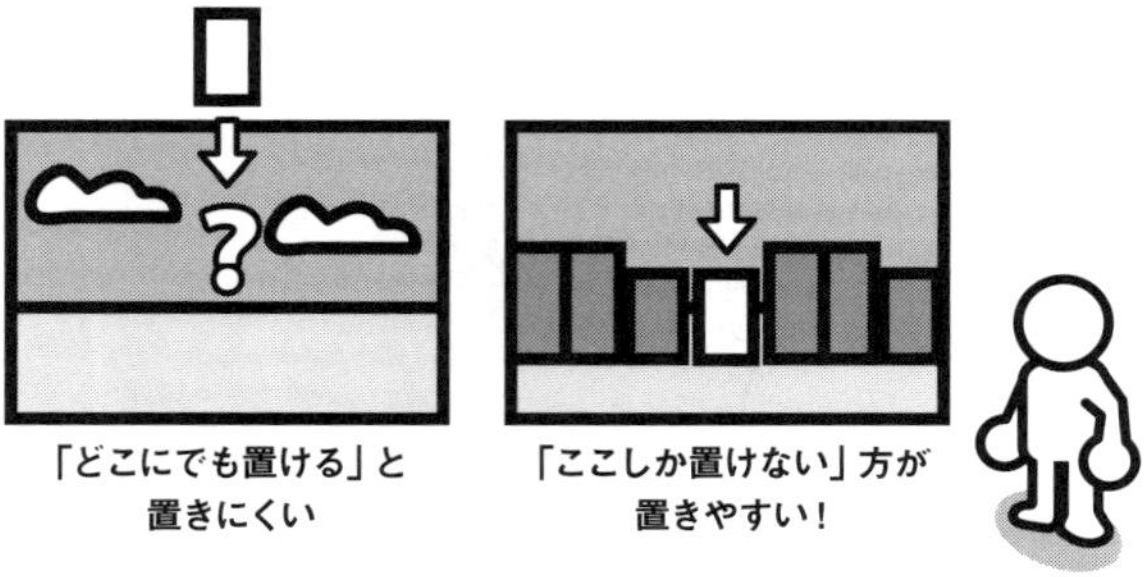

「どこにでも置ける」と置きにくい

「ここしか置けない」方が置きやすい！

なにかをはじめるなら「忙しいとき」こそチャンス

時間を充実させるために
呆れられるくらい熱を込める

「なんでもいい」からなにかをはじめる。

小さくはじめてみることはとても大切だ。

まず、ゆるくやってみる。そして少しずつ負荷をかけていく。

これは続けていくコツだ。

ただ、**ときどき、はじめから超全力を出し切る**こともある。

最初から「本気でやってみる！」モードのスイッチを入れ、あえてはじめから大きな負荷をかける。

意外にこれも継続のための大きなコツだったりする。

わたしの場合ならｎｏｔｅの執筆がそれにあたる。

一回目の投稿は、コロナ禍で緊急事態宣言が出されて移動が制限されたときで、フリーランスとして20年間、自宅でひとりで仕事をしてきた経験をもとに、在宅ワークで必要な仕事の「習慣」について書いた。１万２０００字くらいの記事になった。

ずっと家で働いてきた自分の経験が役に立つといいな、という思いがまずあった。それと同時にこの記事作成も本気でやったら、なにか新しい道が見つかるかもな、という小さな期待もあった。

記事をすごく作り込み、仕事でも積極的に作らないような図まで作った。

ここまで本気になれたのは、「仕事じゃなかったから」かもしれない。

1回の投稿では書き切れなかったので、そんな投稿を4回続け、毎回1万字以上書いた。平日は仕事で忙しかったので、土日を使って書き、月曜日に仕上げて投稿した。

1本の記事に何時間かけたかわからない。ただ週末外出することもできなかったのでちょうどよかった。恐らく緊急事態宣言がなかったら、noteをはじめていなかった。とにかく夢中でやった。ボロボロになりながら書いた。仕事にも支障をきたした。

無料公開である。投稿するたびに周囲の人たちから呆れられた。

仕事でもない。やっても1円にもならないことに全力を出しているからだ。

でもおかげで最初の1週間で200くらい「スキ」がついた。フォロワーも100人くらいついた。

たいした数字ではないのかもしれない。ただSNSはほとんどやっていなかったので告知力はゼロに近い中、わたしにとっては大きな反応だった。記事に対する純粋な反応を実感することができた。

クオリティはともかく、**「やりすぎ」って思われるくらいに過剰にやると、きちんと熱量は伝わる。そして熱量が伝わると、きちんと反応がある。**

熱量を伝えるために必要なのは、「やりすぎ」なくらいのなにかだ。それは量なのか、密度なのか、スピードなのか。いずれにしてもそれは誰かに伝わる。

なにかを本気ではじめるなら、必要なのは圧倒的な熱量だと思う。

たとえば空前の大ヒットになった『カメラを止めるな!』も、低予算でワンシーン・ワンカットのゾンビ映画を撮るという、あまりにも無謀で、ありえない作り込み、そのアイデアを実行した熱量が人々を巻き込んで虜《とりこ》にしていったと思う。

比較するのはおこがましいけど、知名度も武器もなにもないから、わたしもnoteをスタートするときは「熱量」だけは込めよう、と思ったのは間違いない。

それからずっと毎週月曜日の投稿を欠かさずに続けている。その間に本が出版された。熱はきちんと形になったわけだ。

本気の熱量の先には、たぶん想像してなかった世界がある。

絶対ではないけど、少なくともそうすることで、小さな可能性が築かれていく。

なにかにつけ「無理はすんな」って言われる世の中だけど、なんの武器も持たない凡人が生きていくためには、「無理をする」くらいしか未来を切りひらく方法はないんじゃないか。

いつ結果が出るかはわからない。いつまでも出ないかもしれない。

だから熱を込めたあとはただ続ける。

アクセルを緩《ゆる》めたり強めたりしながら、結果が出るまで続ける。

最初にとんでもないくらい全力を出せばあとが少し楽になる。

続けていくうちに慣れていくものだし、少しずつやり方を工夫して負担を減らしていくこともできる。

でも最初にやるべきことは、とにかく信じられないくらいの「熱量」を注ぐことだ。

手を抜くとバレるが全力もバレる

時間を充実させるために
続けることで価値を生み出す

なにかをはじめたら、まずは続けてみる。

くだらない思いつきでも、「続ける」ことで「意味」が生まれる。

そしてそれが「自分の一部」になり、ときにそれが仕事になることもある。

たとえば、どうでもいいようなこと。毎日同じコンビニで同じお菓子を買う。

1日、買う。ふつうだ。2日、買う。これもふつう。3日続けて買う。ま、これだってふつうだ。

これを30日続けたら……「同じ商品を買いにくる客」として、店員さんから少し呆れ気味に覚えられるだけかもしれない。でも100日間、一日も欠かさず続けたらどうだろう。意味が変わってくる。完全な「変人」だ（褒め言葉ね）！

実際にそれを実践した人物は、その体験をきっかけとして本を出した。

つまりそこに「仕事」が生まれた。**まったくなんの意味もなかったことから、なにかすごい意味を生み出したのだ。**

「続けること」によって、どうでもいいようなことが、どうでもよくないことになる。

たとえば、わたしが毎日投稿している1日1冊の読書のXへの投稿。

書影として撮っている写真がある。そこにはなんのこだわりもない。読み終えた本をカーペットの上に置いて、スマホでただ撮るだけ。5秒くらいで終わる。これはいわば手抜きだ。

デザイナーなんだし、いいカメラも一応持ってる。だからたぶんもっと写真を凝ることはできる。テーブルの上に立てて背景をぼかして撮るとか、3分くらいかけてスタイリングしたり、見栄えをよくしようと思えばたぶんなにかできる。

しかし、それを毎日やる？　そう自問すると、やらない気がする。

わたしのモットーは**「きちんとやるより、続けられる方を選ぶ」**だ。

だから「続ける」ことを考えたら、できるだけ簡単に済ます方がいい。手間を一つ加えてしまうだけで、面倒に感じる可能性もあるから、いちばん手間がかからない方法を選んで1冊目を撮影した。

最初から手を抜いている。ただそんな「ただの手抜き」も、続けることによって変わってくる。

2冊、3冊しか続けなかったら、それは「ただの手抜きの書影」でしかない。だけど、これが１０００冊続くと、そこに意味が生まれる。「１０００冊すべて同じ書影」という圧倒的な統一感である。

そのシチュエーションこそがひとつのアイコン、この色のカーペットの上で撮られた書影は「わたしが読んだ本」という目印になる。

そして自宅のその場所に、「本が実在した」という証明にもなる（いまはこのスタイルを崩すのがイヤなので、外泊するときは、事前に本の表紙だけ自宅で撮影してから本を持っていくようになった）。

こうなると手抜きが、単なる手抜きではなくなり「こだわり」になる。

続けていくことで、「手抜き」は「こだわり」に変わり、そこに「意味」が生まれる。

科学反応が起きるのだ。

だから最初に「意味」なんか別になくていいと思っている。

なんでもないような、なんの意味もないようなことでも。誰でもできるようなことでも。

誰もやらないくらいやっていれば、あとから意味や価値が宿ってくるからだ。

1000冊目として読んだ本は自分の初の著書

書くことを続けて、「書く」ことが仕事になった。

何年もあらゆる習慣を続けて、「習慣」が仕事になって、いまは本を出したり、メディアに呼んでいただいたりしている。

いずれにしても「無価値」なことに「価値」を生み出すのは、継続だ。

継続の先に、新しい仕事の可能性が広がっている。


なんでもない人生をひっくり返す数少ない方法は、**「誰でもできることを、誰もやらないくらい続けること」**だ。

どんなくだらないことでも、続けた時間が長ければ、それがその人の価値になっていく。

少なくとも「わたしにはこれがある」という小さな自信くらいは、それで手に入れることができると思う。

習慣化によって手に入れることができるのは、そんな自分だけの価値なのかもしれない。

続けていれば、意味はあとからついてくる

Epilogue

エピローグ

時間のデザイン

ルーティーンとは「変化」だ

最近すごく思うのは、「日々のちょっとした『面倒くさい』をいかに乗り越えられるかどうか」、この積み重ねが人生を大きく分けてるのかもしれないってことだ。

これまでの人生で特になにも成し遂げてこられなかった自分だけど、「やろう」「やる」と決めたことを最後までできるようになって、少しずつ自分の変化を感じられるようになった。

たとえば、まずメモ。

メモがわたしの世界を大きく変えた気がする。

「あとでメモに書こう」と思うことをやめた。

どんなに面倒でもその場で書くようにした。

だって、メモしようと思ったことなんて5秒も経てばどうでもよくなるか、忘れてしまう。

忘れるくらいのことだから、大したことないかもしれないけど、そうやって取りこぼしていく「大したことないこと」の中にダイヤの原石が眠っている可能性もゼロじゃない。いや、むしろそんなどうもいいような思いつきの中に、大切なことが眠ってるんだということをこの数年で実感している。

ジョギング中に思ったことを走りながらメモする。

本を読んでいてふと思いついたことをメモする。

なにげない瞬間のなにげない思いつきもメモする。

この本に書いた原稿の大半は、そんな1行くらいのメモの寄せ集めをもとにして書いている。

「数撃ちゃ当たる」ってことなんだけど、そのためには数を撃たないといけない。

だからどんなにくだらないことでも、どうでもいいことでも、「面倒くさいからあとで」という意識を取りのぞき、取りこぼさないようできるだけすぐメモですくい取る。

その場で書きとめた一行は、そのときはゴミかもしれない。でもやがて財産になるかもしれない。

最近もメモからはじまったことがあった。

映画を見ていて「これなんだろう？」と思ってメモ代わりに一枚画面の写真を撮った。80年代の映画『グーニーズ』の冒頭で登場人物の一人のチャンク（太っちょキャラ）が、ゲームセンターで遊んでいるんだけど、そのゲームがなんのゲームなのか気になって写真を撮っておいたのだ。

映画を見終わったころにはほとんどその存在を忘れかけていたけど、写真が残っていたのを「これなんだろう？」って調べはじめた。

ＡＩに聞いてみても答えはわからず、いろんな方法で検索を繰り返して最終的に見つけた。英語のウィキペディアに数行の記述があったのだ。さらにそこからそのゲームについて調べていったら、いろいろと面白いことがわかった。そのゲームが日本のアニメ『ルパン三世　カリオストロの城』（まだアメリカ公開前）の映像を使った「クリフハンガー」というゲームであること、そのゲームは画面こそ映画には映っていないものの、きちんと作品内のカーチェイスのシーンとリンクしているということだ。

たったひとつ「画面に映ったなにかのゲーム」を調べるだけで、世界の新しい面白さにふれるきっかけになった。

またこうやって、映画に登場する「レトロゲーム」を調べるという新しい趣味がはじまった。

その場の「ちょっと面倒くさい」を一歩乗り越えてメモをする。そのことで世界は格段に面白くなっていく。

食べた納豆の記録を残していることも、ドラマの中に小道具として「本」が出てきたらメモすることも、映画の中にワニが出てきたらその作品名を記録することもそう。

わたしの趣味は「ちょっと面倒くさい」を一歩だけ踏み越えたところからはじまっている。

「そんなの集めてなにかいいことあるの？」と思われるかもしれないが、断言する。世界が面白くなる。

映画を見るのも、ドラマを見るのも、もともと好きだけど、メモの習慣をはじめてからさらにその楽しみが広がった。

べつに映画の記録でなくてもいいと思う。街ナカで「8」がつくものを見かけたらなんでも写真を撮るとか（いつかやろうと思ってる）。

少し前のラジオで「Google マップを使って、自分が使った公衆トイレにピンを立てる」という趣味の話を聴いたがそれも面白いと思う。

自分なりになにかを記録する。

これは、退屈な世界に光を当てる行為だ。

掃除なんかもそうだ。毎日掃除するようになって、工夫をメモしていくうちにいつの間にか掃除が好きになっていた。

「掃除バカか！」ってくらい、一時期わたしは掃除の話ばかりしていた。掃除好きの編集者がいて、打ち合わせのときに仕事の話はしないで掃除の話で盛り上がった。

きっと掃除こそ「面倒くさいこと」の代表格だろう。

でもこの面倒を超えたところに「楽しみ」が眠っていたことに、やっていくうちに気がついた。

これも掃除を習慣化することで気がついた世界の新しい側面だ。

4年以上、毎朝ダンスの練習をしているのも同じ。

ダンスを毎日やることを「習慣」にしたことで、日々上達しないいらだちと、ときどき得られる達成感と、適度な疲労と充実感を味わっている。

毎日踊るのなんて「面倒くさい」、という先にある喜びだ。

短歌も、最初は「毎日作るなんて面倒くさい」と思っていた。

でもその面倒くささを超えて、毎日やり続けていたら、本当に短歌は日常にたくさんの発見と変化を感じさせてくれる存在になった。いや、短歌、まじで難しい。でも、だからやりがいがある。世界が確実に広がった。

「ものすごく他人のふりですれ違う　初めて見たわ　あなたの妻を」

こういう歌を作って気がつく。ああ、自分以外の視点でも書けるんだなと……そうか物語が作れるんだ！　って。

たとえそれが稚拙な発見だとしても、「いままで知らなかったなにか」を自分で発見する喜びがある。

世界にはまだ自分で生み出せる「楽しみ」がたくさんある。

そしてその楽しさを阻害するのは、「やるのが面倒くさい」という壁だ。

そう考えると「面倒くさい」は、じつはすごく楽しいものを、みんなに気がつかせないようにするための罠なんじゃないかとさえ思えてくる。

その場にあるちょっとした「面倒くさいを超える」。

するとそこには世界の楽しさが待っているのだ。

わたしが積極的に「面倒くさいを超える」ようになったのには理由がある。

それは母を認知症外来に連れて行ったことに関係している。

コロナ禍が始まった直後あたりから、離れて暮らす母の様子がちょっとおかしくなり、念のためということで認知症外来を受診しに行ってみた。

その時点で母はまだ認知症一歩手前のＭＣＩ（軽度認知障害）と診断された。

診断してくれた医師に「認知症にならないでいいようにふだん気をつけるべきことはありますか?」って聞いたら、「ちょっと面倒くさいなと思うようなことがあったら、それを積極的にやることです」と言われた。

そのときはその話をあまり真剣にとらえてなかった。それからも母は掃除を人に任せて、ご飯は作らず宅配の弁当と冷凍食品で済ませ、運動に出かけることもなかなかせず、なにについても「面倒なことはあまりやらない」生活を続けた。

わたしも、母ももう歳だしあまりガミガミ言ってやらせるのはかわいそうだなと思っていたこともあって、あまり口は出さなかった。

でもなにもしないわけにはいかないので、自分の負担を少し増やして、母と一緒に習慣を作っていくことにした。

まず徹底したのは毎日、電話をかけること。

毎日、夜に必ず電話をかけて、母にその日の日記を3行だけ書かせることにした。書かせるのと同時にこちらでも母についての日記を書く習慣がはじまった。

話すことと書くことはそれなりに続いたのだけど、母の認知の衰えは少しずつ進行し、それにともなってこちらが費やす時間も増えていった。

食事を食べたかどうか確認する、エアコンがついているか確認する、電話でクスリのある場所に誘導し飲ませる、そのために見守りカメラを設置したり、ひとりでの外出が困難になったら出かけるときは行って付き添うなど、次々とやることが増えていった。

以前はひとりで行けていた病院もひとりで行けなくなり毎回の付き添いが必要になった。テレビが壊れたと言えば買って設置に行き、電話に出ないと思ったら倒れていて慌てて救急車を手配して駆けつける、そのほかにもいろいろなトラブルも起きる。そのたびに仕事を中断して駆けつけなくてはいけなくなった。

ただでさえ悲鳴をあげたいくらい忙しい仕事状況で、もう限界かも……というくらいめちゃくちゃな状況になった。

さすがにこれは仕事の仕方も考えないといけないかもしれない。

でも「やれる」時間が減ってしまったことで、「やれない」ことを増やしたくないという思いがあった。

それに加えて、コロナ禍でいろいろな行動に制限がかかって、鬱屈とした気持ちを溜め込んでしまっていた時期でもあった。

精神的にきつくて、眠れない日々が続いたりもした。

このまま「やれない」を増やすと、あらゆることに恨みだけが募っていきそうな気がした。

だから積極的に「やること」を増やすことにした。

1日1冊本を読む、毎朝ダンスを踊る、毎日マンガを読む、大作ゲームを遊ぶ、毎日掃除をするなど、いま朝のルーティーンでやっていることは、このときにはじめたものが多い。

やってみたいなと思っていたこと、やりたいなと思っていたことを積極的に全部やってみることにした。

たくさんはできないかもしれないけど、ちょっとならできるかも？　時間がかかることでも、こうやったらできるんじゃないかな？　そんなことを少しずつ考えながら、小さくはじめていった。

「やる」ための仕組みを考え、確実に「やれる」ように、時間をいままで以上に徹底的にデザインしていった。

そうやっていまのようなルーティーンが組み上がっていった。

朝にすべてを終わらせるのは、母のことに時間を使えるようにするためでもある。

結局、「やればできる」だった。

仕事の量も減らさなかった。いや、むしろ増やしていった。


徹底して時間をデザインして、すべてルーティーン化したことで、「無理そうだな」と思うことができるようになっていった。

母の通院の日にはそれに対応できるようにルーティーンを調整しながら、それでも仕事もブログやｎｏｔｅを書く時間もきちんと生み出せるように工夫していった。

状況が変わったら、それに合わせて時間をデザインし直して、ルールを変えていく。

何年か経ってさすがに自宅での暮らしは限界が来て、いま母は施設で暮らしているが、積極的に会いに行く時間を増やしている。定期的に通院の付き添いもある。以前はほんんど会うことのなかった母に、いまでは頻繁に会うようになった。


「ちょっと面倒くさいなと思うようなことがあったら、あえてそれをやる」

母が医師に言われた言葉だけど、これはむしろわたしのための言葉になっていた。

「面倒くさい」と思いながら、掃除をする。

「面倒くさい」と思いながら、すぐメモを取る。

「面倒くさい」と思いながら、毎日本を読む。

「面倒くさい」と思いながら、毎日文章を書く。

読むこと、書くこと、運動すること、踊ること、掃除すること……ある意味でわたしは毎日「面倒」を超え続けるようになった。

最初はやるたびに「面倒だな」と思っていたけど、何年か経って、いまそれはすでに面倒の顔をしていない。当たり前のことになっている。

「面倒くさい」を超えて「当たり前」を作っていく。

それがルーティーンの効果なんだろうなと思う。


そしてわたしがここまで「毎日やる」ことにこだわるのは、やはり母を見て感じたことが大きく影響している。

人はいつかいろんなことができなくなっていく。

でも、いきなりできなくなるというわけではない。

少しずつできなくなっていく。


わたしもいつかはできなくなる。

もしかしたら、明日できなくなるかもしれない。

でも、「今日はできた」。

これがルーティーンの大きな意味なんじゃないかと思った。

「今日、できた」をずっと確認し続けることが、毎日繰り返すことの意味だ。


いつかできなくなるかもしれないけど、「今日できる」限りは続けられる。

「いつかできなくなる」、その「いつか」を一日ずつ延ばしていくことが日々のルーティーンだ。

今日「できる」限り、いつまでも「できる」が続いていくのだ。

ルーティーンは生きるための力を維持し続けるためのものでもある。

なんて素晴らしいものなんだ！

ただこの「ルーティーン」という言葉は、あまりポジティブな意味で使われないことが多い。

先日読んだ本にも「ルーティーンは前頭葉の敵。脳を老化させる」というようなことが書いてあった。

果たしてそうなのだろうか。

『PERFECT DAYS』という映画がある。

見た瞬間、これはわたしの映画だと思った。

職業も年齢も少し違う。役所広司の演じる平山という主人公の中に自分を見た。

平山はトイレ清掃の仕事をする男。

古いアパートに暮らしていて、毎日、決まったことをただ繰り返す。

起きて植物に水をやり、歯を磨きひげを剃り、玄関を出て自動販売機で缶コーヒーを買い、車のエンジンをかけ車中で聴くカセットテープを選び、仕事場へ向かう。

仕事も規則的にやる。

トイレ掃除の仕事。地味な仕事。見えない仕事。

だが彼はそんな仕事をいやいややっていない。淡々と、でも懸命にていねいに取り組む。

どんなに小さな仕事でも、自分の頭でやり方を考え、工夫し、道具を発明し、求められている以上のことをする。そこまでやる必要があるのかと同僚に笑われながらも、彼は自分の仕事に自分なりのやりがいと喜びを感じ、誇りを持って仕事している。

わたしが仕事に感じている喜びはまさにこれだ。

職種は関係ないと思う。

なんのためにある仕事か考えて、どれだけ相手のことを考えて仕事ができるか。

自分の仕事に喜びが見いだせるかどうか。

これがすべてだ。

日々の生活も同じ。自分の頭で考えて、試してみて、検証して、繰り返しながら、精度を上げて、小さな変化を楽しんでいく。

そんな当たり前に繰り返される日々こそが「パーフェクトデイズ」つまり完璧な毎日なのだ。

この映画に描かれていることはわたしの思いと同じだ。

毎朝同じルーティーンで仕事をはじめ、毎日同じ場所の写真を撮り、食事をし、本を読み、寝て夢を見る。この繰り返し。

一見単調に思えるこの日常は、じつはまったく単調ではない。

一日として同じ日はない。毎日は変化に富み、喜びに溢れている。


わたしの日常も単なる繰り返しだろう。

朝起きたら水を一杯飲む、外に出て空の写真を撮る。

そこからはじまって、同じような毎日を繰り返している。

フリーランスのデザイナーなので、仕事の内容は変わるが、やっている仕事自体は同じだ。

ひたすら同じような毎日を繰り返している。

同じ毎日のはずなんだけど、感じるのは、それは毎日違っているということだ。

同じことを意図的に繰り返すことで、小さな変化の一つひとつに敏感になれる。


たとえば朝の空。毎朝同じ時間に、同じ方角の空を撮影する。

でも一日として同じ空はない。

毎朝の気温を予想して答え合わせをしている。

毎日やっていると、だいたい1〜2度の誤差で当てられるようになる。

昨日より空気が冷たく感じたり、昨日より風を少し強く感じたり、小さな変化がある。

繰り返すことで、そういう変化に敏感になる。

毎朝踊るダンス、同じ振り付けを繰り返し練習している。日々、そこに小さな変化を感じる。昨日までできなかったところが、1週間やっても全然マネできなかったところが、急にできるようになる日がある。

そしてときどきすごく気持ちよく踊れるときがある。朝から調子が上がらなくて、仕事で少し落ち込んでいたはずなのに、少し踊ったら急に元気になっている。


毎日、同じことを意識的に繰り返して感じるのは、こういう小さな変化だ。

毎日読書をしていても思う。

言葉がすっと入ってくる日があれば、言葉が重く感じて頭にうまく入ってこない日もある。

短歌がすっと書ける日、まったく言葉が出てこない日。

繰り返すことでわかる。日々は同じで、でもぜんぜん違っている。

繰り返しはマンネリではない。

繰り返される毎日はつねに新しい。

日常の繰り返しとは、つまり変化なのだ。

日常を繰り返す。

仕事を繰り返す。

ていねいにていねいに毎日を繰り返す。

そこに変化がある。

その変化に気がつくことで、喜びが生まれる。


昔は規則正しい生活なんてバカみたいだと思っていた。

マンネリはつまらない、そんなふうに思っていた。

でもルーティーンを徹底してわかったのは、繰り返すことこそが、退屈な日常に変化を与えてくれるということだった。


同じ日常を繰り返す『PERFECT DAYS』の平山を見て、なんて豊かな人生なんだろうと思った。彼が幸せそうに見えるのは、きっと日常の小さな変化に敏感だからだ。

そのことをかみしめている彼を見て、幸せそうだなと感じる。
幸せとは他人が見てどう思うかじゃない。
自分で気がつくものだ。
それはとても小さな日常の変化。すごく小さな自分の変化だ。

変化はすごく小さい。
それを見逃さないようにする。
そのために繰り返す。

変わっていきながら、それを感じながら、
昨日と違う今日という一日を、
昨日と少しだけ変わったわたしで生きる。

これが幸せってことなんじゃないか。

「一日一生」という言葉がある。

今日一日を一生と思って生きよという言葉だ。
一日をどう過ごすかということは、
人生をどう過ごすかということと同じことだ。
今日の幸せを存分に感じる。
それは人生を幸せにしていくことにつながっていく。
取りこぼすことなく、時間を使っていこう。
無駄な時間なんてどこにもない。
すべての時間に意味を感じて生きよう。
「時間のデザイン」をすることは、そんな一日を作るためにある。

さあ、今日もありふれた日常を繰り返そう。
ありふれた唯一無二の一日を。

……最後に

取材や打ち合わせのときによく投げかけられるのが、

「習慣家の新八さんは、夜にもルーティーンはあるんですか？」

という質問だ。

こう聞かれると、いつも答えに詰まってしまう。

規則正しい、きちんとした夜の習慣。
それは翌日のコンディションのために、ゆっくりお風呂に浸かり、早めに食事をして、
質の高い睡眠を取り……そんな想像をされているのかもしれない。

夜のルーティーン。じつに答えに困ってしまう。

ハッキリ言う。

うん、そんなものはない。

記憶がなくなるまで飲んで、倒れて、寝る。
気がついたら朝！　以上。

夜は、完全なポンコツ。ダメ人間になる。
それでいいじゃないか、人間だもの。
これもれっきとしたルーティーン。
時間のデザインだ。

おしまい。

あとがき

20年ほど前、2001年になんの考えもなく、突然フリーランスになりました。新聞社で編集者として働いていたときになにか準備をしておけばよかったのでしょうが、そのときは本当になにも考えていなかったので、突然なんの装備もないまま、過酷な冒険の旅に飛び出してしまったような状態でした。

師匠もいなければ、なにかを教えてくれる人もいなかったので、仕事のやり方も、仕事を取ってくる方法も、打ち合わせの仕方も、ギャラの設定の仕方や、それこそ請求書の書き方も自分ですべてイチから考えてやってきました。

自分の頭で考えて、いろいろなことを試しながら、うまくいったことはどうしたらそれが継続できるか考えて仕組みを作り、失敗したら改善策を試して、それをどうやったら習慣として実行できるか考えてきました。

そうやって自宅でひとりで20年以上働いてきました。

この本には、わたしが自分の力で生き残るためにしてきたことを書きました。

ちっぽけな人間が、ちっぽけなまま、どうにか生き抜いていくために必死にあがいて、やってきた「生存戦略」の本とも言えます。

なのでいわゆる「成功術」の本ではありません。

自分に向けて書いた、超個人的な1冊です。

この先どうなるのか、いつも不安だらけの自分に「大丈夫だよ」と言ってあげたい気持ちで書きました。


フリーランスで働いていていちばん大切にしなきゃいけないのは時間じゃないかと思っています。

勤めていれば、仕事の時間はある程度決められています。

週末は休みだったり、夏休みがあったり、わたしも会社員時代はふつうに休んでいました。


フリーランスになって休みはなくなりました。

それはある意味喜ばしいことです。

仕事がいっぱいいただけるのは、フリーランスにとって最高の栄誉です。

でもそんな状況をただなにも考えずに生きていたら、あっという間にひとりブラック企業化していきます。それを回避するために必要なのが、時間をコントロールすることです。

仕事の時間を確保しつつ、それ以外のことをいかに充実させるかが大事になってきます。つまり「忙しさを理由に諦めることをいかに減らすか」ということです。そのためにいろいろと実験してきました。仕事だけしてた方が楽に感じるくらいに大変なこともしてますが、大変だけどすごく充実した毎日を過ごしています。その昔、友人に「お前は毎日遊んでるようなもんじゃん」と言われて少しムッとしたことがありますが、いまではそれを褒め言葉として受け止められます。そのくらい毎日を楽しんでいます。

習慣化の仕組みを考えることは、いまではわたしの最大の趣味です。

フリーランスになるのは簡単です。「今日からフリーランスはじめます」と言えば、誰だってはじめられます。でも続けていくのは、案外大変です。

習慣化することがすべての解決策ではないと思いますが、少なくともわたしは「すべてを習慣で解決する」という考えに行き着いたことで、人生が好転しました。

いかに無理なく、たくさん、楽しく、持続可能なものとして仕事を続けていくか、そのためにどう時間を使っていくか考えながら楽しく生きています。

相変わらず目まぐるしい毎日を過ごしていますが、「もっとこうしたらこれができるのではないか？」と小さな実験を日々繰り返しています。

なのでいまのルーティーンは来年には違うものになってるかもしれません。

「ルーティーン」とはそうやって少しずつ変わっていくものでもあります。

最後に、この本がわたしにとってすべてのはじまりとも言えるサンクチュアリ出版で出版できたことに感謝します。何者でもなかったわたしに人生を与えてくれた、最大の恩人とも言える存在だと思っています。

それからいまある毎日とそれを支えてくれる人、すべてに感謝します。

そしてなによりこんな長い本を最後まで読んでくださった読者のみなさんに感謝を伝えたいです。この本に書いてあったことがなにかのお役に立てばすごく嬉しいですし、もしお役に立たないまでも楽しんで読んでいただけたならありがたい限りです。

本当に本当にありがとうございます。

2024年12月

井上新八

[参考・引用文献]
『思考の整理学』外山滋比古：著　筑摩書房
『HIIT　体脂肪が落ちる最強トレーニング』岡田隆：著　サンマーク出版
『メンタルダウンで地獄を見た元エリート幹部自衛官が語る この世を生き抜く最強の技術』
わび：著　ダイヤモンド社
『感性のある人が習慣にしていること』SHOWKO：著　クロスメディア・パブリッシング
『神速で稼ぐ独学術』山田竜也：著　技術評論社
『天才による凡人のための短歌教室』木下龍也：著　ナナロク社
『図解版　人類の起源ー古代 DNA が語るホモ・サピエンスの「大いなる旅」』
篠田 謙一：監修　中央公論新社
『おやすみ前の1日1話　動じない練習」植西聰：著　青春出版社
『図解 モチベーション大百科』池田貴将：著　サンクチュアリ出版
『天才たちの日課』メイソン・カリー：著／金原瑞人・石田文子：訳　フィルムアート社
『整える習慣』小林弘幸：著　日経ＢＰ
『本を書く』アニー・ディラード：著／柳沢由実子：訳　田畑書店
『京大式ＤＥＥＰ　ＴＨＩＮＫＩＮＧ』川上浩司：著　サンマーク出版
『ＩＱも才能もぶっとばせ！　やり抜く脳の鍛え方』茂木健一郎：著　学研プラス
『冒険者たち』ユキノ進：著　書肆侃侃房
『100 日間おなじ商品を買い続けることでコンビニ店員からあだ名をつけられるか。
ビスコをめぐるあたたかで小さな物語』与謝野：著　光文社
『ドラゴンボール』鳥山明：著　集英社
『美味しんぼ』雁屋哲：作／花咲アキラ：画　小学館
goo 国語辞書（国語辞書　デジタル大辞泉／小学館）https://dictionary.goo.ne.jp/jn/

[本書で触れた映画]
『スモーク』（ウェイン・ワン監督　1995 年）
『ミッション：インポッシブル』シリーズ（ブライアン・デ・パルマ監督など　1996 年〜）
『Love Letter』（岩井俊二監督　1995 年）
『日日是好日』（大森立嗣監督　2018 年）
『カメラを止めるな！』（上田慎一郎監督　2017 年）
『グーニーズ』（リチャード・ドナー監督　1985 年）
『PERFECT DAYS』（ヴィム・ヴェンダース監督　2023 年）

[関連リンク]

[記事：鬼ルーティンとしてバズった記事]
一人で年間 200 冊！ ブックデザイナー井上新八の過密をきわめる
鬼ルーティン２４時間 （2019 年の朝のルーティーン）
サンクチュアリ出版　公式 note
https://note.com/sanctuarybooks/n/nede3a8267ad7

[動画：おいでよどうぶつの森 花畑]
ニンテンドーＤＳ版「おいでよどうぶつの森」で村を花で埋め尽くした３年目の動画。この状態をこの後 6 年キープした
https://www.youtube.com/watch?v=-RP6f5zKSNk

[記事：あつまれどうぶつの森 ララミーと挨拶の習慣]
「推し」がいる人生は素晴らしい！を実感した話。
ララミーとの再会からプレゼント交換の習慣までの話
https://note.com/shimpachi88/n/n20768b0ac1e7

[記事＋動画：ダンス 2 年目チャレンジ]
これ絶対無理！の壁を越えることができるか？1日５分を 365 日続けてみて見えた景色
2 年目のダンスチャレンジについて書いたｎｏｔｅの記事です
https://note.com/shimpachi88/n/nd3c2985a25dc

[記事：1日1冊　読書の習慣]
1 年 365 日、「1日1冊本を読む」を休まずやりきった結果
読書の習慣のまとめと読んだ本のリスト
1 年目　https://note.com/shimpachi88/n/n6a2452c5a3ea

2 年目　https://note.com/shimpachi88/n/nac103cdf57b5

3 年目　https://note.com/shimpachi88/n/nce9d355c4143

[記事：それ、勝手な決めつけかもよ？のデザインができるまで]
「解釈」の本をどう解釈したか 「それ、勝手な決めつけかもよ？」のデザインをめぐる思考の旅
https://note.com/shimpachi88/n/n20768b0ac1e7

[記事：スケジュール管理について書いた note]
自宅で一人で 20 年 仕事を効率よく管理する習慣術
「美味しんぼ」愛に溢れた記事
https://note.com/shimpachi88/n/n3fdbf64cdf4a

井上新八

いのうえ・しんぱち

ブックデザイナー・習慣家
1973 年、東京生まれ。

和光大学在学中に飲み屋で知り合ったサンクチュアリ出版の元社長・高橋歩氏に「本のデザインしてみない？」と声をかけられたのをきっかけに、独学でブックデザイン業をはじめる。大学卒業後、新聞社で編集者を務めたのち、2001 年に独立してフリーランスのデザイナーに。自宅でアシスタントもなくひとりで年間 200 冊近くの本をデザインする。趣味は継続。それから映画と酒とドラマとアニメとちょっぴりゲームとマンガ。あと掃除とダンスと納豆と短歌。年に一度、新宿ゴールデン街で写真展を開催している。2023 年に初の著書『「やりたいこと」も「やるべきこと」も全部できる！ 続ける思考』（ディスカヴァー・トゥエンティワン）を出版。勝手に作った肩書き「習慣家」として各種メディアの取材を受けるようになる。本作が 2 作目の著書。

デザインした主な書籍に『夜回り先生』『覚悟の磨き方』『カメラはじめます！』『学びを結果に変えるアウトプット大全』『ぜったいにおしちゃダメ？』『虚無レシピ』『自分とか、ないから。』（以上、サンクチュアリ出版）、『機嫌のデザイン』（ダイヤモンド社）、『SHO － TIME 大谷翔平 メジャー 120 年の歴史を変えた男』（徳間書店）、『はじめる習慣』（日経 BP）、『こうやって、考える。』（PHP 研究所）、『運動脳』『糖質疲労』（以上、サンマーク出版）など、ベストセラー多数。

書籍の帯を広くしてたくさん文字を掲載する、棒人間（ピクトグラム）を使う、カバーに海外の子どもの写真を使う、和書も翻訳書のように見せる、どんなジャンルの本もビジネス書風に見せるなど、主にビジネス書のデザインという小さな世界で流行をつくってきた。

［更新しているブログなど］

①ｎｏｔｅ
https://note.com/shimpachi88

②はてなブログ　映画感想＋写真
https://shimpachi.hatenablog.com

③Ｘ　@ shimpachi　読書メモや映画感想など
https://x.com/shimpachi

④Ｘ　@ itosamadeth　納豆の記録用
https://X.com/itosamadeth

⑤朝の空の写真
Instagram　https://www.instagram.com/terahe3/

⑥主な装丁のお仕事（ブクログ）
https://booklog.jp/users/shimpachi

⑦続けるラジオ（音声配信ポッドキャスト）
https://open.spotify.com/show/0btSV2O7A4CwQUDWnqMAGj

⑧喜八の映画缶（友人と映画について話すポッドキャスト）
https://open.spotify.com/show/7J9GKb1p11OR504w5e1kyo

①　②　③　④

⑤　⑥　⑦　⑧

時間のデザイン

2025年1月15日初版発行
2025年4月18日第3刷発行（累計1万6千部※電子書籍を含む）

著者　井上新八

デザイン　井上新八
イラスト　井上新八
DTP　井上新八
営業　鈴木愛望
広報　南澤香織
編集　橋本圭右／井上新八

発行者　鶴巻謙介
発行所　サンクチュアリ出版
〒113-0023 東京都文京区向丘2-14-9
TEL:03-5834-2507 FAX:03-5834-2508
https://www.sanctuarybooks.jp/
info@sanctuarybooks.jp

印刷・製本　株式会社 光邦